潜能开发
青少年思维
能力训练丛书

越玩越聪明的

# 左脑游戏

李怡然 主编

江西人民出版社
Jiangxi People's Publishing House
全国百佳出版社

知识出版社
Knowledge Publishing House

图书在版编目（ＣＩＰ）数据

越玩越聪明的左脑游戏 / 李怡然主编. -- 北京：
知识出版社，2019.12

（潜能开发青少年思维能力训练丛书）
ISBN 978-7-5215-0114-8

Ⅰ．①越… Ⅱ．①李… Ⅲ．①智力游戏—青少年读物
Ⅳ．①G898.2

中国版本图书馆CIP数据核字(2019)第300347号

## 越玩越聪明的左脑游戏 李怡然 主编

| | | |
|---|---|---|
| 出 版 人 | 张德意　姜钦云 | |
| 责任编辑 | 周　玄 | |
| 策划编辑 | 田荣尚 | |
| 特约编辑 | 庞冬冬 | |
| 装帧设计 | 张雅蓉 | |
| 出版发行 | 江西人民出版社　知识出版社 | |
| 地　　址 | 北京市西城区阜成门北大街17号 | |
| 邮　　编 | 100037 | |
| 电　　话 | 010-88390659 | |
| 印　　刷 | 南昌市红星印刷有限公司 | |
| 开　　本 | 710mm×1000mm　1/16 | |
| 印　　张 | 10 | |
| 字　　数 | 160千字 | |
| 版　　次 | 2019年12月第1版 | |
| 印　　次 | 2019年12月第1次印刷 | |
| 书　　号 | ISBN 978-7-5215-0114-8 | |
| 定　　价 | 36.00元 | |

# 前言

　　大脑是人体最复杂的器官，它不仅主导着人的思想，还控制着人的感觉、情绪和反应，主宰着人一生的发展。让大脑蕴藏的潜能得到充分的开发，是一个人走向成功的关键。

　　如同人的躯体一样，大脑也可以通过训练来获得更好的发展，变得更聪明、更具有创造性。而 6～15 岁就是开发大脑潜能的黄金时期，是青少年养成爱思考、会思考好习惯的关键阶段。为了让孩子们爱思考、会思考、勤思考，并将这种好习惯带到学习中去，根据青少年这一阶段身心发育的特点，我们特别打造了这套"潜能开发·青少年思维能力训练"丛书，针对孩子不同的思维能力和思维方式，进行定点、定项、定目标的系统训练。

　　"潜能开发·青少年思维能力训练"丛书共 10 本，包括《越玩越聪明的谜语游戏》《越玩越聪明的思维游戏》《越玩越聪明的数学游戏》《越玩越聪明的脑筋急转弯》《越玩越聪明的趣味实验》《越玩越聪明的火柴棍游戏》《越玩越聪明的成语游戏》《越玩越聪明的填字游戏》《越玩越聪明的左脑游戏》和《越玩越聪明的右脑游戏》，主题多样，题型丰富，是一套科学、系统、有趣的思维训练工具书。

　　"潜能开发·青少年思维能力训练"丛书不仅可以全方位地培养孩子的思维能力，还可以根据孩子自身的思维特点，有重点地进行思维训练，取长补短，培养良好的思维习惯。本丛书图文结合，寓教于乐，既增强了趣味性，又扩大了孩子的知识面，让他们在玩乐中调动学习兴趣，循序渐进地培养良好的思维习惯，成为真正的思维高手！

编　者

2019 年 10 月

# 目录

## 第一章 语言力

## 第二章 计算力

# 第五章 推理力

# 第一章

## 语言力

## 1 各卖什么货

　　某旅店接待三位客商，旅店主人询问三位客人是卖什么的。一位瘦客商说："我的货'远看像座山，近看不是山，上面水直流，下面有人走'。"另一位胖客商随后答话："我的货是'又扁又圆肚子空，有面镜子在当中，人们用它要低头，摸脸搓手又鞠躬'。"最后一位女客商说："我卖的是'铁打一只船，不推不动弹，开船就起雾，船过水就干'。"

　　你知道他们卖的是什么货吗？

## 2 根据古诗猜成语

　　下面给出的古诗其实都是谜语的谜面，各打一成语，你能猜出来吗？

千里江陵一日还。（　　　　　　　）

飞流直下三千尺。（　　　　　　　）

谁知盘中餐，粒粒皆辛苦。（　　　　　　　）

千山鸟飞绝，万径人踪灭。（　　　　　　　）

## 3 八字成语

请将下面的八字成语补充完整。

一夫当关，（　　　　　　）。

万事俱备，（　　　　　　）。

人无远虑，（　　　　　　）。

人非圣贤，（　　　　　　）？

## 4 看指南针猜成语

指南针四周有八个字，你能据此猜出四个成语来吗？

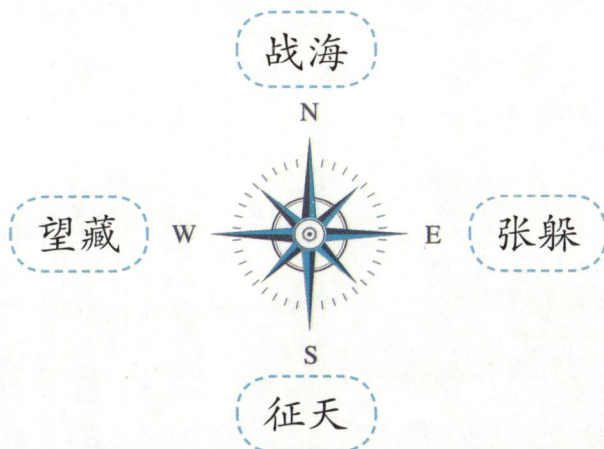

战海

N

望藏　W　　　E　张躲

S

征天

## 5 加一笔变新字（一）

刁——

尤——

立——

烂——

凡——

勿——

车——

西——

## 6 加一笔变新字（二）

亚——

史——

舌——

头——

叶——

主——

去——

玉——

## 7 减一笔变新字（一）

来——〇　　灭——〇

伐——〇　　宇——〇

令——〇　　茶——〇

亚——〇　　正——〇

## 8 减一笔变新字（二）

方——〇　　用——〇

去——〇　　同——〇

公——〇　　田——〇

生——〇　　下——〇

## 9 猜猜是什么（一）

根据给出的提示，猜猜说的是什么。

A. 地理名词

B. 5个字

C. 沙质荒漠

D. 三毛

E. 约906万平方千米

## 10 猜猜是什么（二）

根据给出的提示，猜猜说的是什么。

A. 楚汉之争

B. 纸上谈兵

C. 32

D. 64

## 11 对联万花筒

　　下面一副对联中，上联和下联各缺了几个字，这几个字恰好又隐藏在对联中。请你找一找并把答案写出来。

　　上联：（　　）中有戏（　　）中有文识文者看（　　）不识戏者看（　　）

　　下联：音里藏（　　）调里藏（　　）懂（　　）者听调不懂（　　）者听音

## 12 七种水果

　　请你在圆盘中间填入一个适当的汉字，使其与其他汉字组成七种水果。

## 13 看图猜成语（一）

历
历

用 ♥ 用

## 14 看图猜成语（二）

黄 达

## 15 脑筋急转弯

有个秀才正翻看《三国演义》时，厨师进来对他说："老爷，我炒菜缺了四样作料，全在这书里面，所以我来看看！"秀才听了半信半疑，他还没听说过《三国演义》里写了做菜的作料呢。厨师说："有，老爷你听着。刘备求计问孔明，徐庶无事进曹营，赵云难勒白龙马，孙权上阵乱点兵。"秀才想了想便猜了出来。那么，你能猜出来厨师缺哪四样作料吗？

## 16 组合猜字

下面的每个数字都代表一个汉字，你能根据下面的提示猜出这些数字所代表的汉字吗？

1—— 2——

3—— 4——

1加2等于日落的意思

2加3等于日出的意思

2加4等于光亮的意思

越玩越聪明的左脑游戏

## 17 量词连一连

请将下列物品和对应的量词连起来。

一张　一辆　一条　一面

一双　一件　一匹　一架

## 18 谜语连一连

读一读，把谜面和谜底用线连起来。

长长一条龙，走路轰隆隆，跨河又钻洞，呜呜向前冲。

小冬瓜，腰里挂，咚咚咚，被人打。

一间小药房，药品里面藏，房子涂白色，十字画中央。

## 19  诗词填数

（　　　）功名尘与土，（　　　）里路云和月。

飞流直下（　　　）尺，疑是银河落（　　）天。

（　　）个黄鹂鸣翠柳，（　　）行白鹭上青天。

（　　　）个星天外，（　　　）点雨山前。

## 20  钟表成语

　　下图是三个可以任意拨动时针和分针的特殊钟表，每个钟表上指针所指示的时间都能构成一个成语。请你想一想，这些成语是什么？

## 21 姓甚名谁

古时候，有个书生上京赴试。他在书院遇见一批文人谈论诗文，大家问他的姓名，他不回答，挥笔写下一首诗：

李白诗名传千古，

调奇律雅格尤高。

元明多少风骚客，

也为斯人尽折腰。

请问，你知道这个书生姓甚名谁吗？

## 22 藏头成语

在下面的空格里填上适当的字，使每一竖行组成一个四字成语，而且所填的字连起来又是一个谜语，打一地名。请你猜一猜。

| | | | | | | | | | |
|---|---|---|---|---|---|---|---|---|---|
| | | | | | | | | | |
| 经 | 衣 | 碑 | 落 | 水 | 积 | 月 | 感 | 言 | 源 |
| 地 | 无 | 立 | 归 | 青 | 月 | 如 | 交 | 巧 | 节 |
| 义 | 缝 | 传 | 根 | 山 | 累 | 梭 | 集 | 语 | 流 |

## 23 "二"的妙用

请你将下面16个方格中的每个"二"字加上两笔，使其组成16个不同的字。

| 二 | 二 | 二 | 二 |
|---|---|---|---|
| 二 | 二 | 二 | 二 |
| 二 | 二 | 二 | 二 |
| 二 | 二 | 二 | 二 |

## 24 加两笔成新字

请你在16个"人"字上加两笔，使它们变成16个不同的字。

| 人 | 人 | 人 | 人 |
|---|---|---|---|
| 人 | 人 | 人 | 人 |
| 人 | 人 | 人 | 人 |
| 人 | 人 | 人 | 人 |

## 25 看图连线（一）

请将左边的图与右边相匹配的词语用线连起来。

旭日东升

烈日当头

万家灯火

雄鸡报晓

艳阳高照

月明星稀

## 26 看图连线（二）

请将左边的图与右边相匹配的词语用线连起来。

天高云淡

银装素裹

草长莺飞

金风送爽

骄阳似火

百花争艳

烈日炎炎

天寒地冻

## 27 成语迷宫（一）

在下面的方框里填上适当的字，使每一行和每一列都成为一个四字成语。

## 28 成语迷宫（二）

从图中的"飞"字开始，一次走完所有的格子，并把经过的字连成八个首尾相连的成语。

| 飞 | 石 | 破 | 天 | 惊 |
|---|---|---|---|---|
| 沙 | 走 | 地 | 动 | 天 |
| 三 | 说 | 久 | 治 | 久 |
| 道 | 途 | 天 | 长 | 安 |
| 四 | 听 | 道 | 乐 | 贫 |

## 29 成语接龙（一）

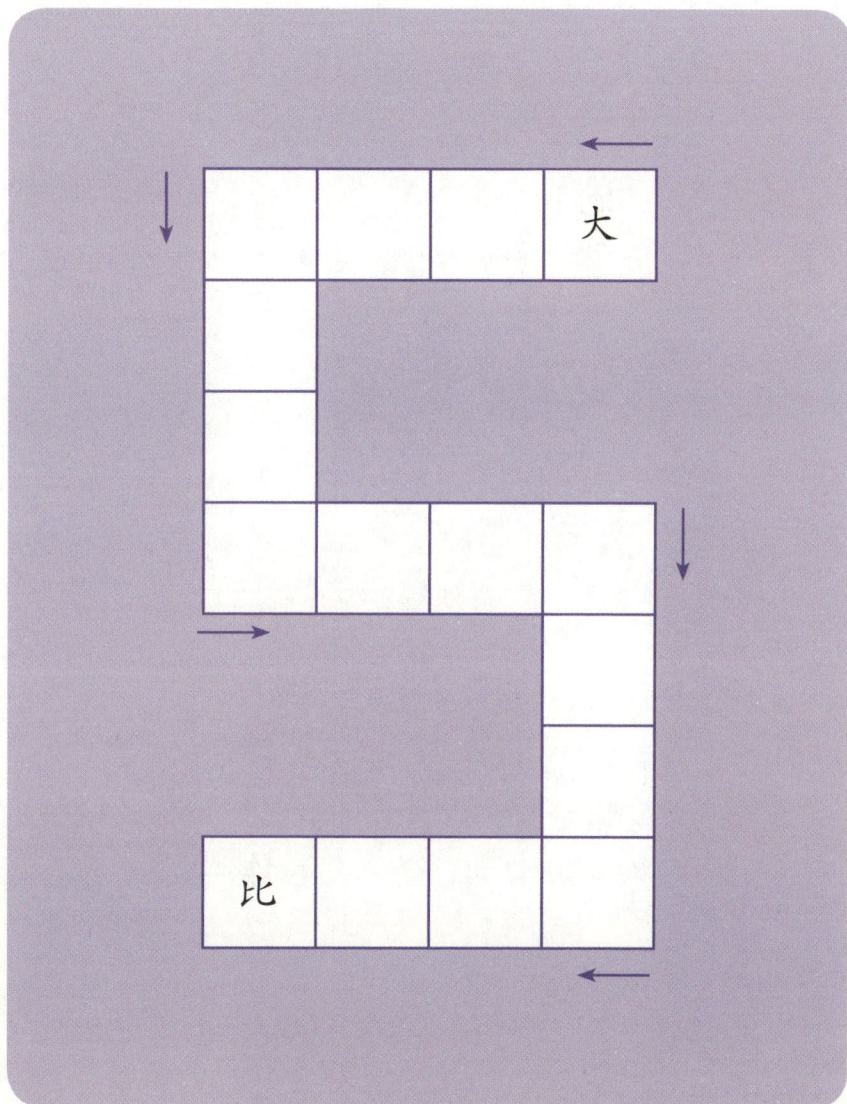

## 30 成语接龙（二）

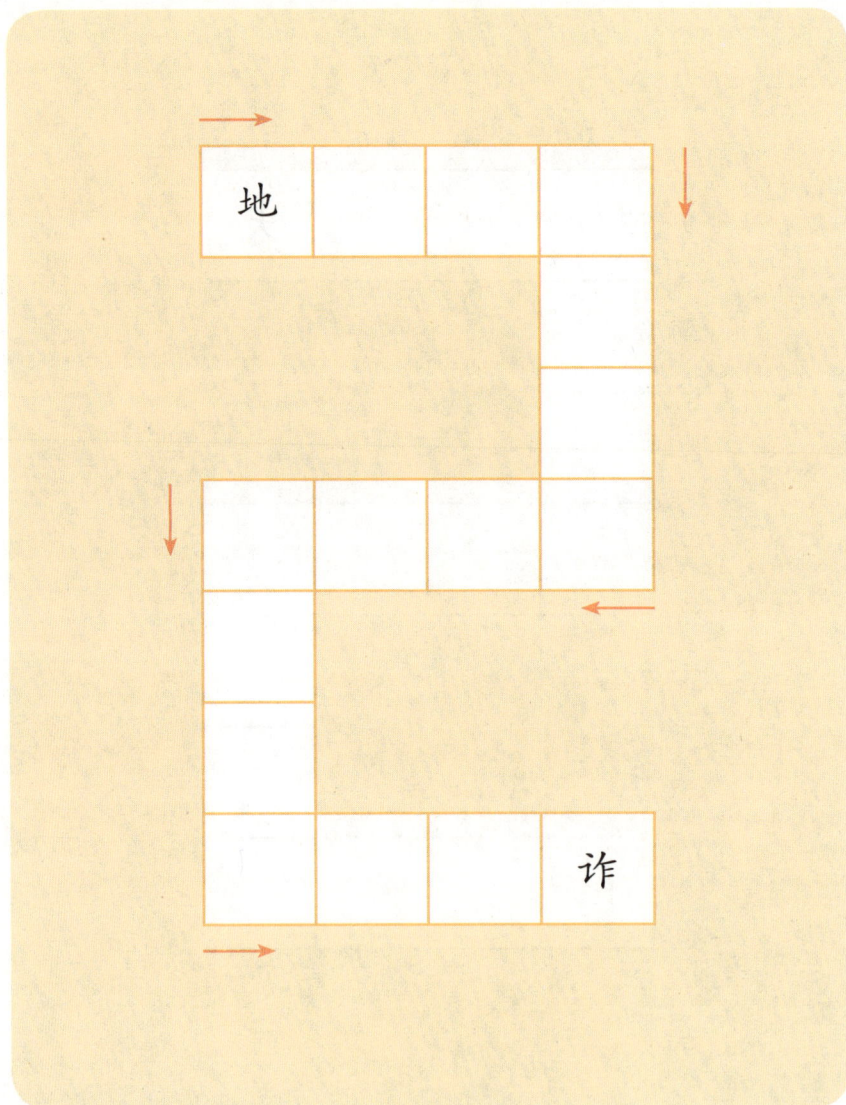

## 31 连连看

请你把谜语的谜面与对应的成语连起来。

| | |
|---|---|
| 一二五 | 无的放矢 |
| 狗坐轿子 | 开门见山 |
| 愚公的房子 | 脚踏实地 |
| 下地不穿鞋 | 不识抬举 |
| 射箭没靶子 | 丢三落四 |

## 32 猜成语

根据每句话的意思写出与其相符的成语。

不用说就能明白。（　　　　　）

又是刮风，又是下雨。（　　　　　）

一分一秒也不放过。（　　　　　）

超出一般人。（　　　　　）

不声不响，很少说话。（　　　　　）

## 33 棋盘成语

看棋盘，猜两个成语。

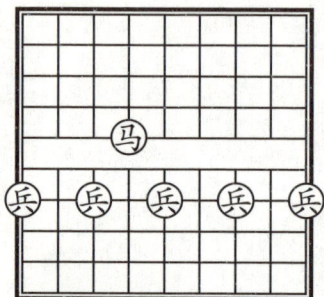

## 34 八山叠翠诗

这首诗题为《八山叠翠诗·游写苏州半山寺》，是明代邬景和所作。试试看你会读吗？

山山
远隔
山光半山
映百心塘
山峰千乐归山
里四三忘已世
山近苏城楼阁拥山
堂庙旧题村苑阆疑
竹禅榻留庄作画实
丝新醉侑歌渔浪沧

## 35 数字藏成语

下面的数字或算式中均暗示了一个成语，你知道是什么吗？

2+3 　　　　（　　　　　）

9寸+1寸=1尺 　（　　　　　）

1256789 　　　（　　　　　）

12345690 　　（　　　　　）

333和555 　　（　　　　　）

## 36 谜语联

人们把谜语用对联的形式来表达，这种对联称为"谜语联"。请你来猜一猜吧。

口中含玉确如玉。　　上联谜底：（　　　）

台下有心实无心。　　下联谜底：（　　　）

日落香残，免去凡心一点。　　上联谜底：（　　　）

炉熄火尽，务把意马牢栓。　　下联谜底：（　　　）

## 37 图形变汉字

下面是一个由火柴棍拼成的图形，请你拿掉三根火柴棍，把它们变成相连的三个不同的汉字。

## 38 变成语

下面是由火柴棍拼成的三个汉字，请你移动四根火柴棍，使它们变成一个成语。

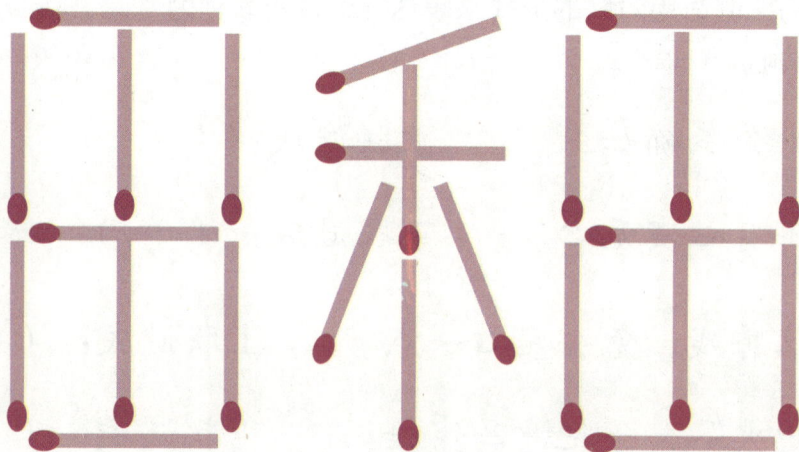

# 第 二 章
# 计 算 力

## 1 奇妙的算式

下面的算式是按照规律排列的。请问，第30个算式是什么？

① 1＋2　　② 2＋4　　③ 3＋6

④ 4＋8　　⑤ 1＋10　　⑥ 2＋12

⑦ 3＋14　　⑧ 4＋16 ……

## 2 问号代表的数

根据图1，请你想一想，图2问号处应该填什么数字？

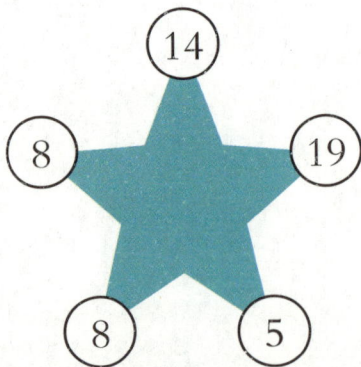

图1

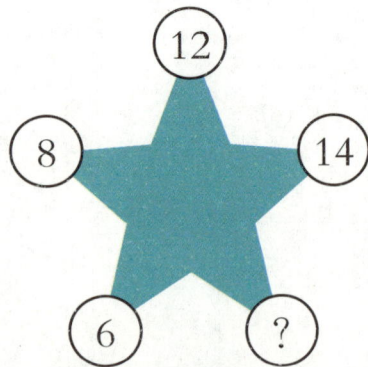

图2

## 3 时间

根据规律，第四个钟面上的时间应该是多少呢？

## 4 填数字

如下图所示，你能猜到表格中的问号处应该填入什么数字吗？

| A | B | C | D | E |
|---|---|---|---|---|
| 6 | 3 | 1 | 4 | 7 |
| 7 | 3 | 1 | 5 | 8 |
| 5 | 4 | 2 | 3 | 7 |
| 8 | 2 | ? | 7 | ? |

## 5 最后一个数

请仔细想一想，问号处应该填什么数字？

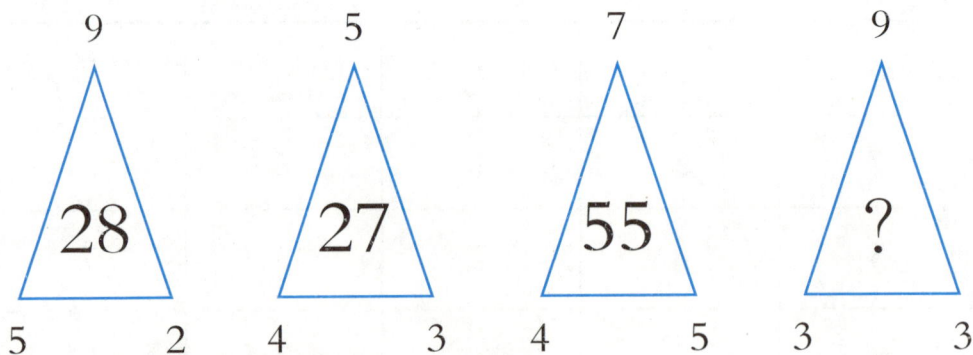

3　　　8　　　5
2　　5　　7　　3　　4
　4　　　9　　　?

## 6 三角填数

请仔细想一想，问号处应该填什么数字？

9　　　　5　　　　7　　　　9
28　　　27　　　55　　　?
5　2　　4　3　　4　5　　3　3

## 7 快速计算

如果A×B＝16，B×C＝92，C÷D＝3，那么A×B×C÷D＝？

A×B＝16

C÷D＝3

B×C＝92

## 8 黑板上的数字

下面的黑板上有一列数字，请你想一想，下一个数字是多少？

2　6　22　86　？

## 9 完成链形图

算一算，下面这个链形图中缺少的是什么数字？

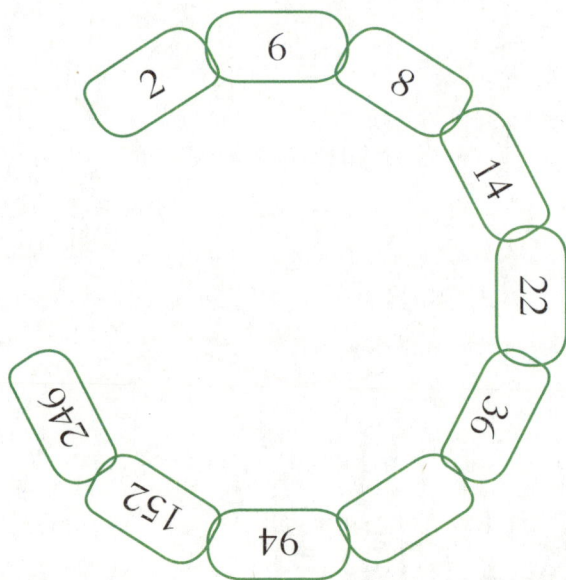

## 10 计算数字

请仔细想一想，问号处应该填什么数字？

| 1 | 2 | 3 | 2 | 7 |
|---|---|---|---|---|
| 5 | 1 | 2 | 4 | 8 |
| 3 | 3 | 2 | 3 | 9 |
| 5 | 0 | 3 | 7 | ? |

## 11 不符合规律的数字

你能找出下面两个圆盘中不符合规律的数字吗?

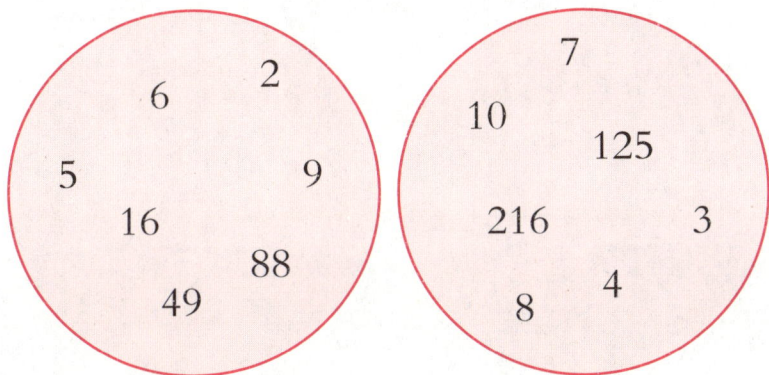

圆盘一: 6, 2, 5, 9, 16, 88, 49

圆盘二: 7, 10, 125, 216, 3, 8, 4

## 12 补充数字

请仔细想一想,问号处应该填什么数字?

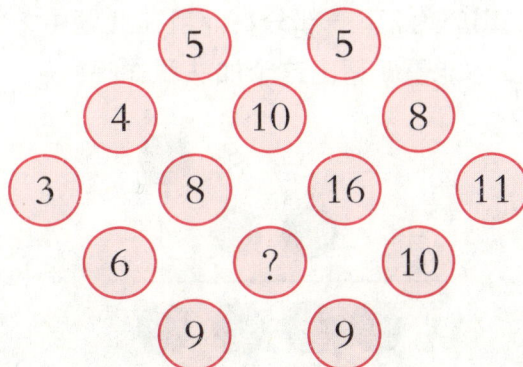

```
        5        5
     4     10       8
  3     8     16       11
     6     ?     10
        9        9
```

## 13 奇特竖式

在下面的这些圆里填入相同的数字，使等式成立。

$$
\begin{array}{r}
\bigcirc\bigcirc\bigcirc \\
\bigcirc\bigcirc \\
\bigcirc \\
\bigcirc \\
+ \qquad \bigcirc \\
\hline
1\ 0\ 0\ 0
\end{array}
$$

## 14 墨迹

下面的竖式被墨迹遮盖了一部分，而且在此题中，每个数字（从0到9）各使用了一次。你能重新写出这个加法算式吗？

$$
\begin{array}{r}
2\ 8\ \bullet \\
+ \quad \bullet\ \bullet\ 4 \\
\hline
\bullet\ \bullet\ \bullet\ \bullet
\end{array}
$$

## 15 组合规律

请你找出数字与图形之间的组合规律，然后写出问号处应当填入的数字。

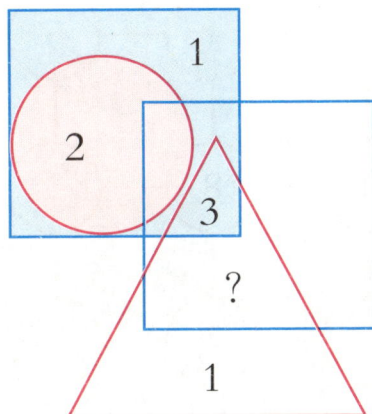

## 16 数字乐园

请仔细想一想，问号处应该填什么数字？

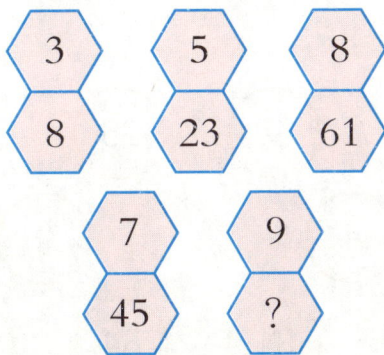

## 17　完成谜题（一）

你能算出问号处应该填什么数字吗？

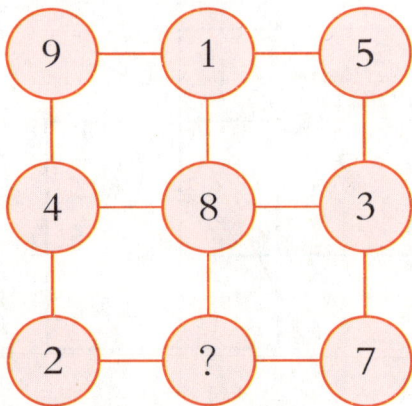

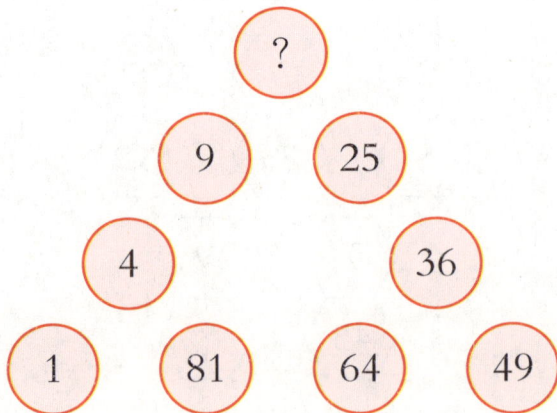

```
  9 ── 1 ── 5
  │    │    │
  4 ── 8 ── 3
  │    │    │
  2 ── ? ── 7
```

## 18　完成谜题（二）

你能算出问号处应该填什么数字吗？

```
            ?
         9     25
      4           36
   1     81    64    49
```

## 19  数字圆盘

算一算，第三个圆盘中缺少的数字是多少？

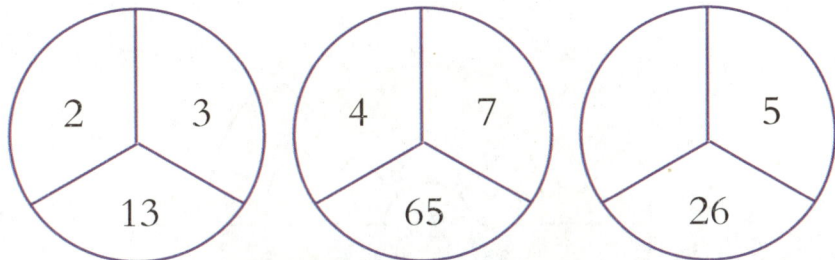

## 20  金字塔上的问号

金字塔每一格中的数字都是下面两格中的数字之和，你能算出问号处应该填什么数字吗？

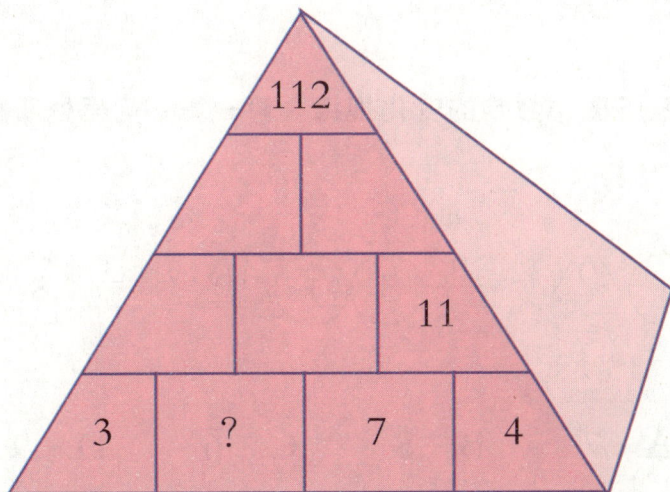

## 21 箭靶上的数字

箭靶上有一些数字，请你找一找这些数字的变化规律，然后算一算问号处应该填什么数字。

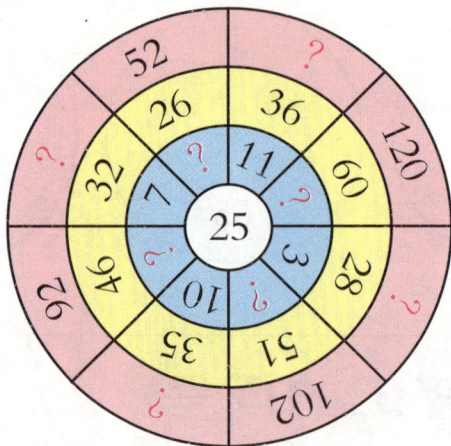

## 22 所缺的数

仔细观察下图中数字的变化规律，算一算，问号处所缺的数字是（ ）。

A. 7        B. 8        C. 6        D. 9

## 23 数字十字架

请观察第一个十字架的数字规律，然后算一算A、B、C十字架问号处的数字。

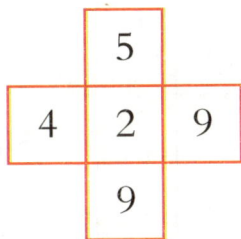

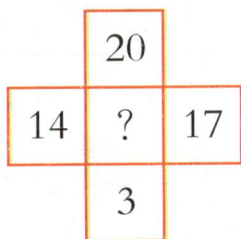

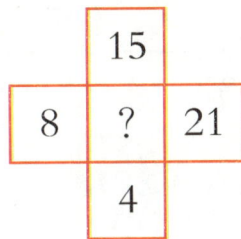

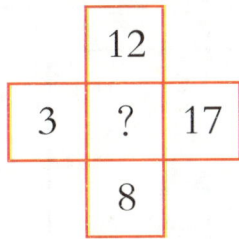

A          B          C

## 24 字母旁的数字

下面的字母旁边各有一个数字，请你想一想，字母W旁边应该是数字几呢？

## 25 数字明星

仔细观察下面五角星周围的数字规律，想一想，问号处应该填什么数字？

| | |
|---|---|
| 12 | 5 |
| ★ | |
| 24 | 6 |

| | |
|---|---|
| 38 | 31 |
| ★ | |
| 16 | 4 |

| | |
|---|---|
| 18 | 11 |
| ★ | |
| 44 | 11 |

| | |
|---|---|
| 32 | 25 |
| ★ | |
| 40 | 10 |

| | |
|---|---|
| 43 | 36 |
| ★ | |
| 56 | ? |

## 26 有名的数列

根据给出的数字规律，你知道问号处代表的数字是什么吗？

| 1 | 1 | 2 | 3 | 5 | 8 | 13 | 21 | ? |
|---|---|---|---|---|---|---|---|---|

## 27 三 "ν" 数列

在下面的问号处填上恰当的数字。

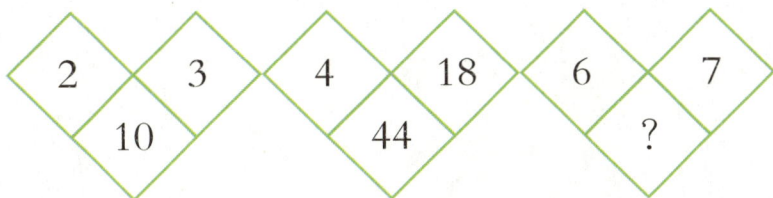

```
  2      3      4     18      6      7
     10           44            ?
```

## 28 巧填五边形

请把1~10填入五边形的圆圈中，使每条边三个数字的和相等。

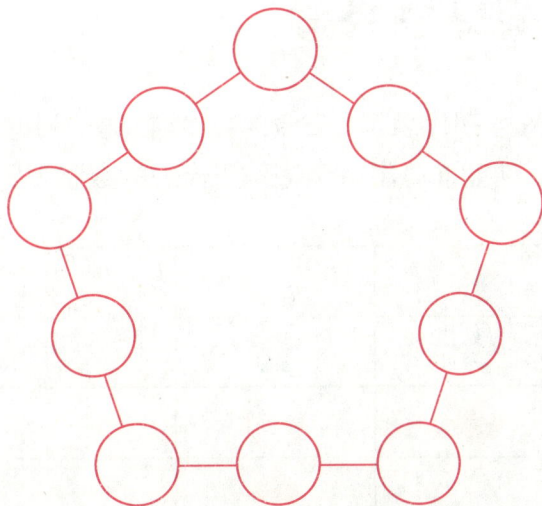

## 29 数字阶梯

在问号处填上合适的数字就可以完成这个数字阶梯，你知道这个数字是多少吗？

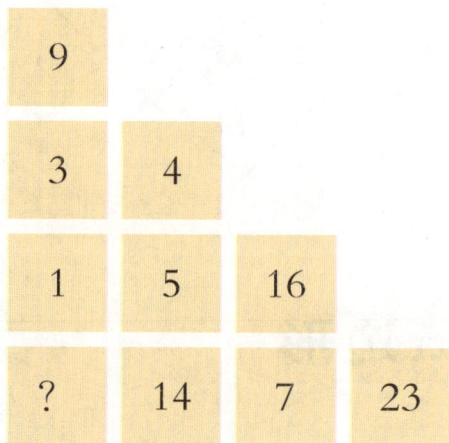

|   |   |   |   |
|---|---|---|---|
| 9 |   |   |   |
| 3 | 4 |   |   |
| 1 | 5 | 16 |   |
| ? | 14 | 7 | 23 |

## 30 符号的含义

表中的每个符号都代表了一个数字，最右侧一列的数字为每行各符号相加得到的和。你能推算出每个符号所代表的数字吗？

| | | | | |
|---|---|---|---|---|
| ★ | ★ | ○ | ○ | 24 |
| ★ | ★ | ★ | ★ | 20 |
| ◆ | ◆ | ○ | ○ | 34 |
| ○ | △ | ◆ | ★ | 36 |

## 31 取代问号的数字

仔细观察下图的数字规律，你知道问号处代表的数字是什么吗？

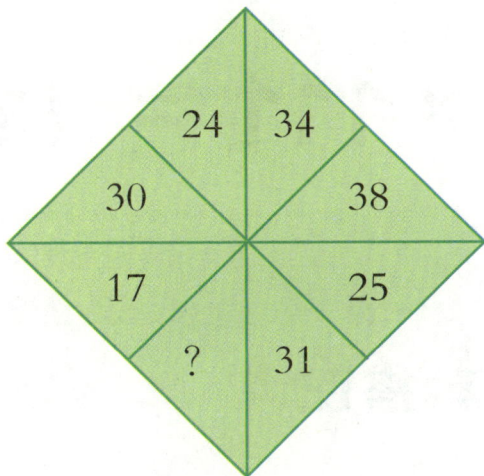

```
        24  34
      30        38
      17        25
         ?   31
```

## 32 找规律填数

猜猜看，下面空白处应该填什么数字呢？

① 1　8　27　○　125　216

② 3　4　7　11　○　29

## 33 添加数字

在下列算式中添加一个数字，使这个算式变成正确的等式。

# 1 × 11 × 111 = 111111

## 34 多少种搭配

蓉蓉有四件上衣、八条裤子、四双凉鞋，把这些衣服鞋子混在一起，共有多少种搭配方法？

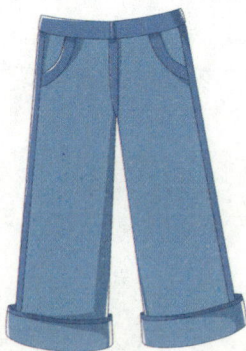

## 35 数橘子

有一堆橘子，如果按照每十个为一单位来数，则剩下九个；如果按照每九个为一单位来数，则剩下八个；如果按照每八个为一单位来数，则剩下七个；如果按照每七个为一单位来数，则剩下六个；如果按照每六个为一单位来数，则剩下五个；如果按照每五个为一单位来数，则剩下四个；如果按照每四个为一单位来数，则剩下三个；如果按照每三个为一单位来数，则剩下两个；如果按照每两个为一单位来数，则剩下一个。

那么，你知道这堆橘子至少有多少个吗？

## 36 放混的雨伞

三位先生分别把自己的雨伞寄存在酒店的前台，但是服务员不小心把这三把雨伞放混了，糟糕的是这三把雨伞竟然是一模一样的，服务员根本不知道如何区分它们。请问，三位先生正确取走自己雨伞的几率是多少呢？

## 37 数字的逻辑

请你先想一想图中数字之间的关系，再填出三角形中的数。

5    7    10

14    19    ?

## 38 相反数

有两个两位数，它们的数字位置相反，两者的差为63。你能找出这两个数字吗？

# 第三章

# 分析力

## 1 掉进井里的麻雀

有一只麻雀掉进了一个只比自己大一圈且很深的枯井中，它能自己飞出来吗？

## 2 连星星

下图有四颗摆放很不规则的星星，你能用一个正方形将它们连在一起吗？

## 3 选木条

有两组木条，第一组分别长3厘米、4厘米、6厘米，第二组分别长300厘米、400厘米、700厘米，如果让你选择其中的一组拼成一个三角形，面积越大越好，你会选择哪一组木条呢？（必须用木条的端点来拼接三角形）

## 4 巧移火柴

请你移动其中的一根火柴棍，使下面的等式成立。

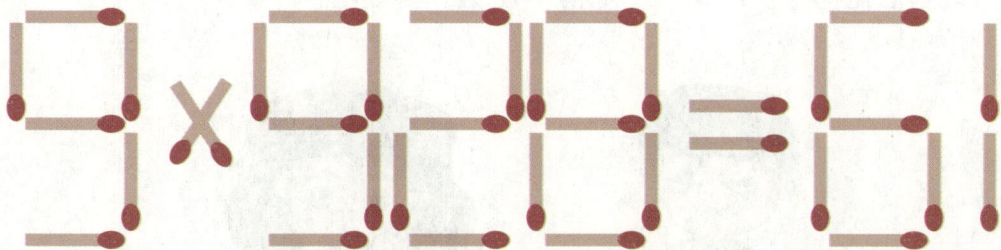

$$9 \times 928 = 61$$

## 5 连点的方法

请你一笔画出四条线，把下图中的九个点连接起来。

## 6 猜谜语比赛

花花和毛毛进行猜谜语比赛，答对一道题得6分，答错一道题扣3分。最后花花得了70分，毛毛得了73分，可能吗？

## 7 三个数

有三个不是0的数的乘积与它们的和是一样的。你知道这三个数是什么吗？

$$X \times Y \times Z = ?$$

$$X + Y + Z = ?$$

## 8 奇怪的三位数

有一个奇怪的三位数，减去7后正好被7除尽，减去8后正好被8除尽，减去9后正好被9除尽。你知道这个三位数是多少吗？

## 9  表格中的规律

表格中的数字有一定的摆放规律。请你想一想，并求出A、B、C的数值。

| 12 | 21 | A |
|----|----|----|
| B | 13 | 19 |
| 20 | 16 | C |

## 10  找关系

下面有三组数字，每一组数字都有一个相同的关系。你能猜出每组数字的关系吗？

1　3　8　7

2　4　6

5　9

## 11 填图形

请你找出下图的排列规律，并指出问号处应当填入的图形。

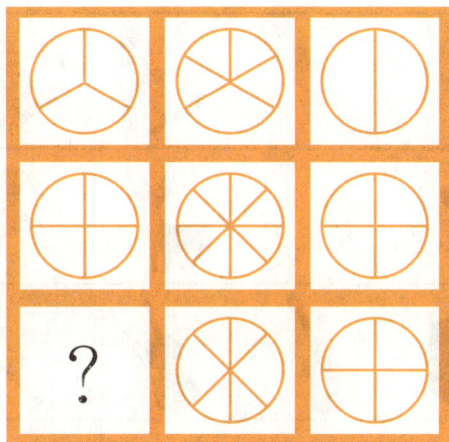

## 12 小狗的倒影

小狗在湖边玩耍，请你在下图中找出小狗在水中的倒影，并把它圈出来。

## 13 哪一个不同类

圈出每一行中与其他三个不同类的物品。

## 14 正确的图形

请你找出下图的排列规律，然后在空白处画出正确的图形。

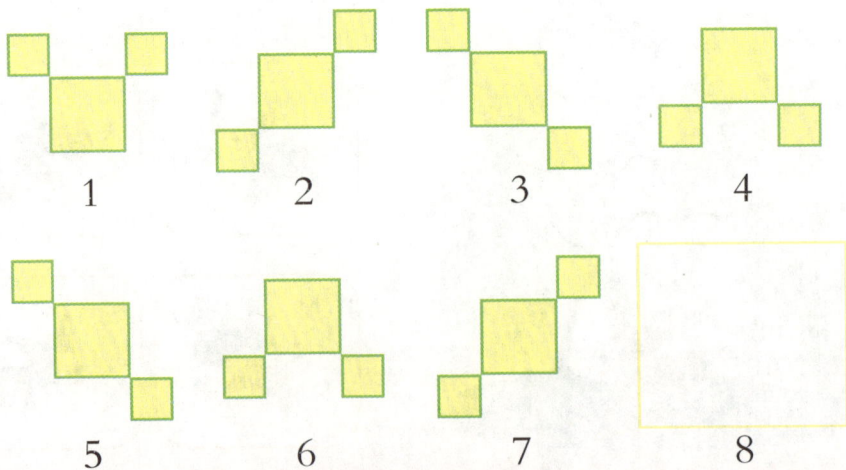

1     2     3     4

5     6     7     8

## 15 找不同

下列四个图形中，哪一个与其他三个对称方式不同？

## 16 镜子里的数字

在每个数字下面放一面镜子，镜子里的数字会是什么样子呢？请你把正确答案圈起来。

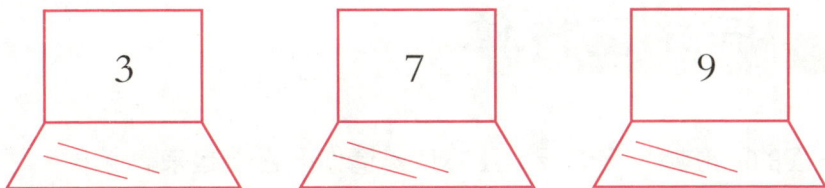

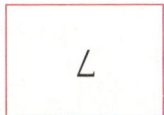

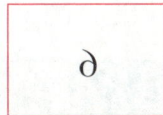

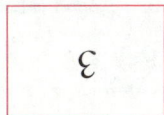

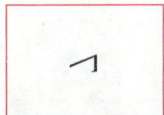

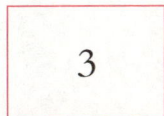

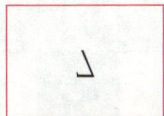

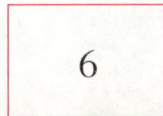

## 17 组成正方形

下面哪两个图形可以组成一个完整的正方形呢？请你把它们用线连起来。

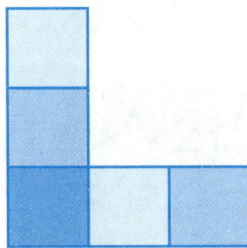

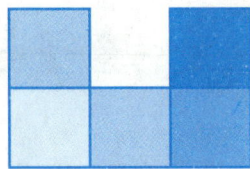

## 18 折成正方体

下面的图形哪个不能折成正方体？请你把它圈起来。

## 19 数图形

下面是由许多小正方形组成的图形，其中有两个圆点。不论正方形的大小，含有圆点的正方形一共有几个？

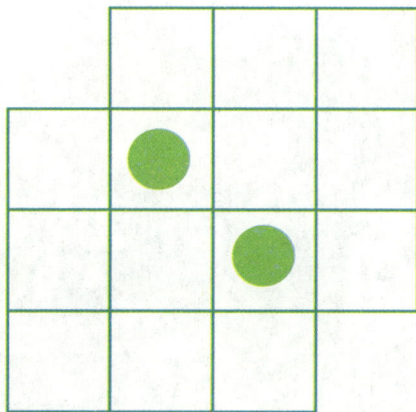

## 20 猜图形

下图中缺掉的图形是A、B、C、D中的哪一块呢？

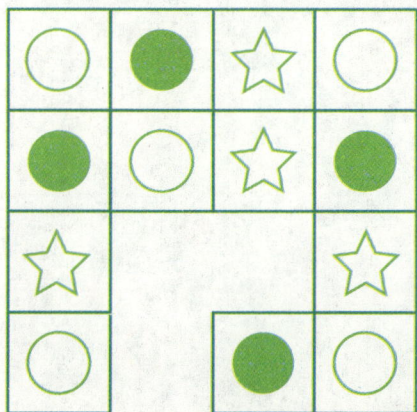

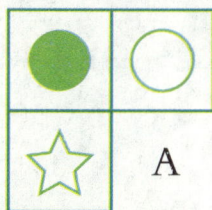

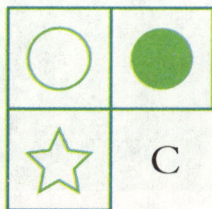

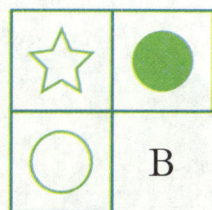

## 21 找不同

下面两张图共有六处不同，请你找到并圈出来。

# 第四章

# 判断力

## 1 哪个不是的（一）

下面哪一种动物的脚掌没有蹼？

鸡　　鸭　　鹅

## 2 哪个不是的（二）

下面哪一种事物不是20世纪发明的？

飞机　　钢琴　　电脑

## 3 哪个不是的（三）

下面哪一种动物在美国没有分布？

兔子　　　　猫　　　　熊猫

## 4 哪个不是的（四）

下面哪一种美食不是中国传统食品？

汉堡包　　　　饺子　　　　红烧肉

## 5 哪个不是的（五）

下面哪一种建筑不是中国的？

宝塔　　　　　宫殿一　　　　　宫殿二

## 6 哪个不是的（六）

下面哪一个不是家具？

  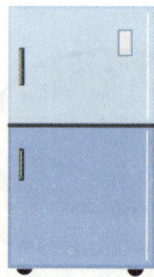

桌子　　　　　椅子　　　　　电冰箱

## 7 哪个不是的（七）

下面哪一种文具不能用来写字？

| 铅笔 | 钢笔 | 橡皮 |

## 8 哪个不是的（八）

下面哪一种球类运动不需要用球拍？

| 乒乓球 | 羽毛球 | 足球 |

## 9 哪个不是的（九）

下面哪一种动物不是生活在现代的？

老虎　　　　　恐龙　　　　　狮子

## 10 哪个不是的（十）

下面哪一个物品不能照亮暗室？

电灯　　　　　煤油灯　　　　电风扇

## 11 错误的数字（一）

希腊字母一共有26个。请你判断这个数量是多了还是少了。

## 12 错误的数字（二）

刘翔在2004年雅典奥运会男子110米栏决赛上以12秒99的成绩夺得了金牌。请你判断这个时间是多了还是少了。

## 13 错误的数字（三）

司马迁写《史记》花了11年。请你判断这个时间是多了还是少了。

## 14 错误的数字（四）

唐代诗人李白是公元7世纪的人。请你判断这个时间是否正确。

## 15 错误的数字（五）

足球上面有18个白色的六边形。请你判断这个数量是多了还是少了。

## 16 错误的数字（六）

德国全国有20个州。请你判断这个数量是多了还是少了。

## 17 比较（一）

奶油蛋糕和普通面包的保质期，哪一个更长？

## 18 比较（二）

《史记》和《资治通鉴》，哪一套的卷数更多？

## 19 比较（三）

华山和泰山的海拔，哪一个更高？

## 20 比较（四）

天王星和海王星的直径，哪一个更大？

## 21　比较（五）

英国的伊丽莎白塔和法国的凯旋门的建成时间，哪一个更早？

## 22　比较（六）

羽毛球和乒乓球的重量，哪一个更轻？

## 23 比较（七）

美国的电影《林肯传》和《乱世佳人》，哪一个上映日期离现在更远？

## 24 比较（八）

长江和黄河，哪一个的长度更长？

## 25 一笔画（一）

请把下图用一笔画出来。

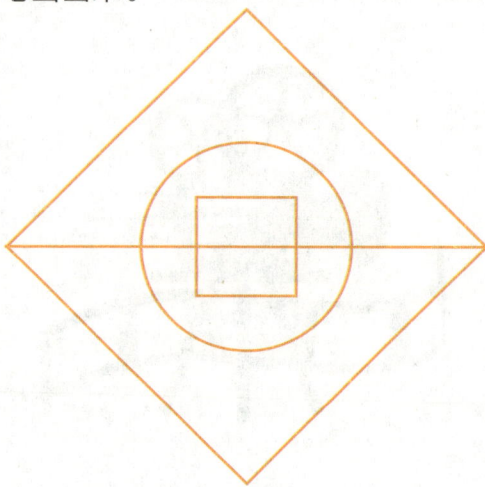

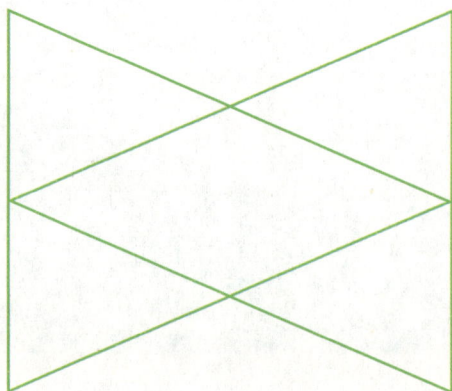

## 26 一笔画（二）

请把下图用一笔画出来。

## 27 异样的图形

请找出与其他图形规律不一样的图形。

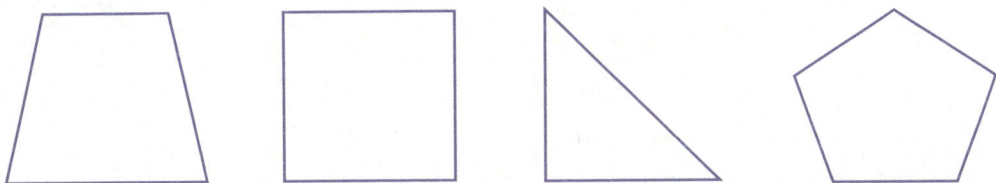

## 28 带数字的球

下面有五个球，其中四个球里面的数字有相同的规律，请你仔细观察，把那个"不合群"的数字找出来。

## 29  斜线

正方体左边方框里有三条线。请问哪一条线相对于左边方框的四条边来说是斜的？

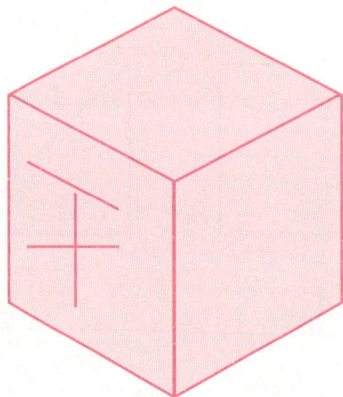

## 30  笑脸

请问下面两张脸，有没有笑脸？

## 31 河里的鱼

你在河岸上看到的鱼的位置和鱼在河里真正的位置是一样的吗?

## 32 哪个大

下面两个五角星哪一个更大?

## 33 拼图

请问哪三项可以拼成下面的正方形？

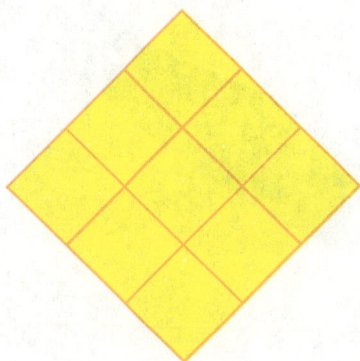

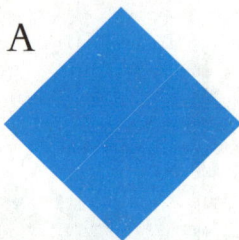

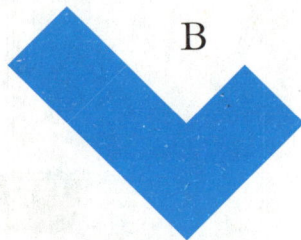

A

B

C

D

## 34 找等式

在下面的等式中，有一个不符合其他三个共有的规律，请你把它找出来。

| A | 1358 | = | 8 |
| B | 3984 | = | 6 |
| C | 4252 | = | 4 |
| D | 9521 | = | 9 |

## 35 正方形的中心

下面的正方形中，哪一个点是正方形的中心点？

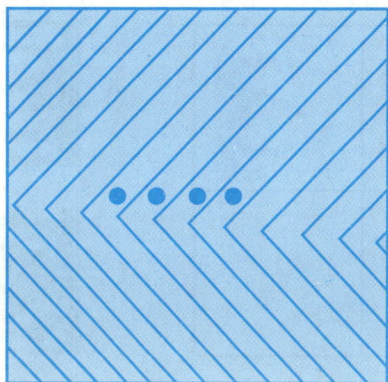

## 36 去掉数字

下面的一排数字，需要去掉一个，才能使剩下的数字呈现出某种规律。请问应该去掉哪一个数字呢？

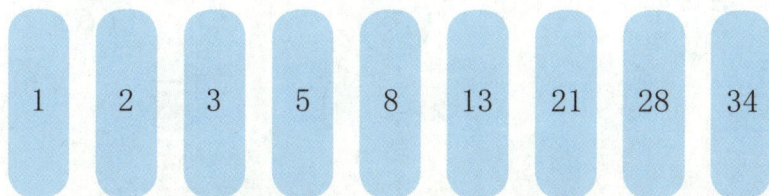

| 1 | 2 | 3 | 5 | 8 | 13 | 21 | 28 | 34 |

## 37 有规律的花纹

下面选项中，哪一项可以填入带有问号的方框中？

A    B

C    D

## 38 添加数字

在问号处应该添加什么数字，才能使所有数字的排列呈现规律？

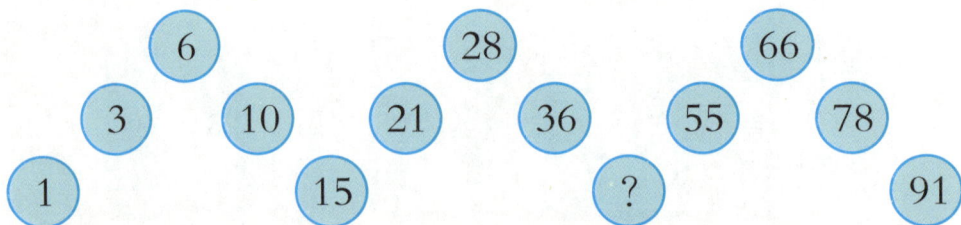

6    28    66

3    10    21    36    55    78

1    15    ?    91

## 39 旋转的黑白点

下面问号处应该放哪一个图形呢？

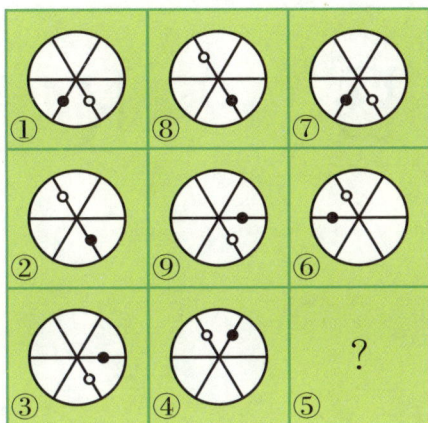

A 　　B

C 　　D

## 40 不同的箱子

下列箱子中，哪一个和另外两个不一样（该箱子另外三面为空白，没有图形）？

A　　　　　　B　　　　　　C

## 41 不同的字母

在下面的字母中，与其他字母规律不同的字母是哪一个？

I H E R

## 42 拆开三棱柱

下面四个选项，哪一个才是三棱柱拆开的状态？

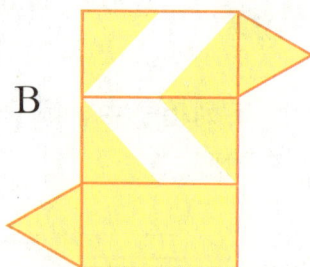

A

B

C

D

## 43 各种各样的图形

在下面各图形中，哪一个与其他三个不一样？

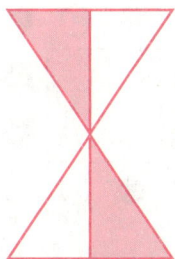 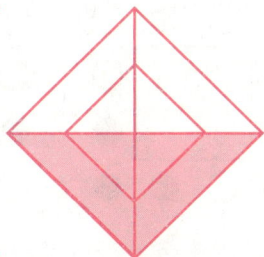 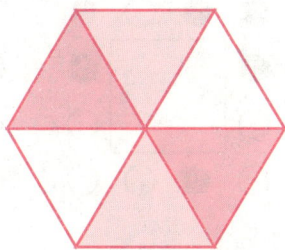 

    A            B            C            D

## 44 不同的杠铃

下面的杠铃有一个与其他三个不一样，请把它找出来。

   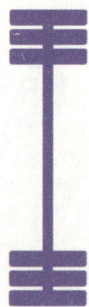

    A             B            C            D

## 45 不一样的图形

下面四个图形中，有一个与其他三个不一样，请找出来。

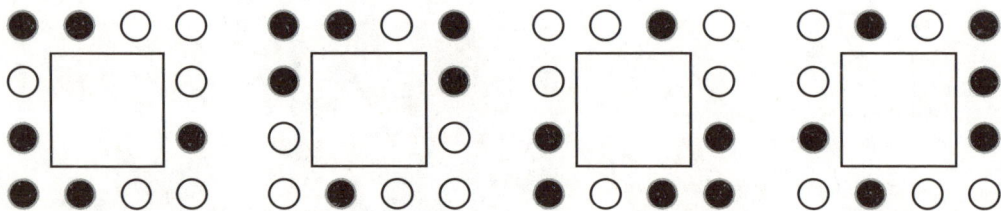

A          B          C          D

## 46 填数字

根据规律，下面问号处应该填写什么数字呢？

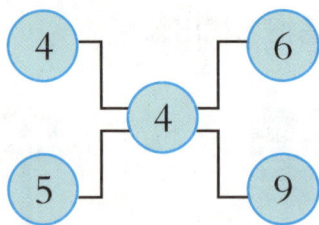

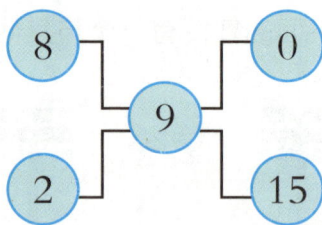

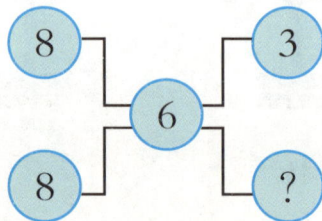

## 47 有趣的钟

请问第四个钟表的分针应该指在什么位置？

## 48 填图

在下面问号处填上正确的选项。

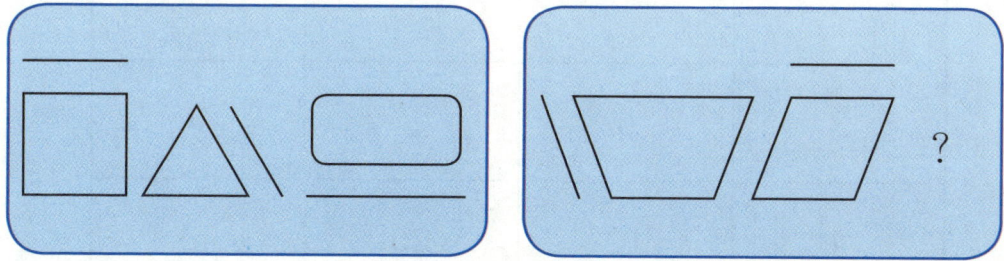

A        B        C        D

## 49 有趣的数字

请在问号处填上正确的数字。

| 9264 | 3126 | ? |

## 50 表格内的数字

请分析规律，在问号处填上正确的数字。

| 3 | 1 | 1 | 0 |
|---|---|---|---|
| 2 | 6 | 8 | 9 |
| 4 | 12 | 26 | 43 |
| 2 | 18 | 56 | ? |

## 51 最短的路程

从A处到B处，哪条路程更短？

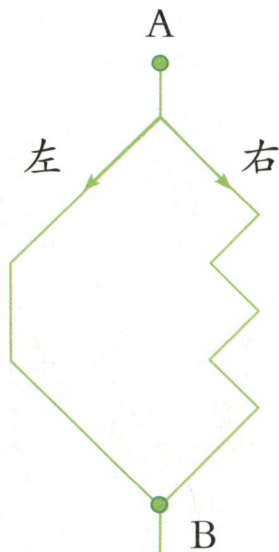

## 52 几个正方形

下面12个点能画出几个正方形？

## 53 对面的数字

下图是一个正方体从两个方向看的视图效果，面上写着1~6。请问，3的对面是哪个数字？

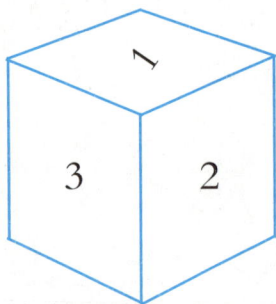

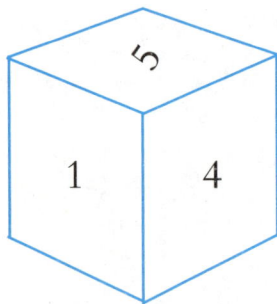

## 54 圆圈内的数字

请找出下面数字的规律，在问号处填入正确的数字。

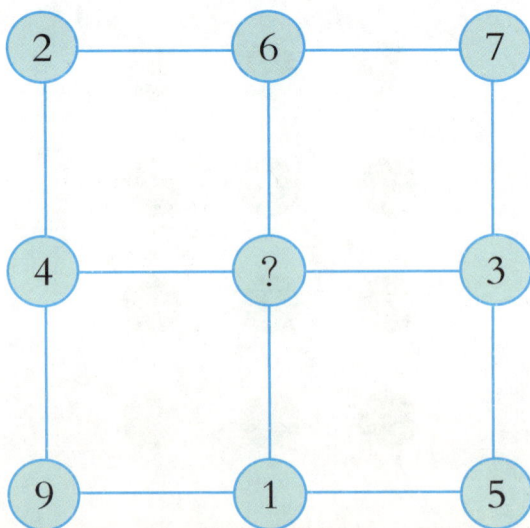

# 第五章

# 推理力

## 1 折叠的图形

下图折叠成立方体是哪一项？

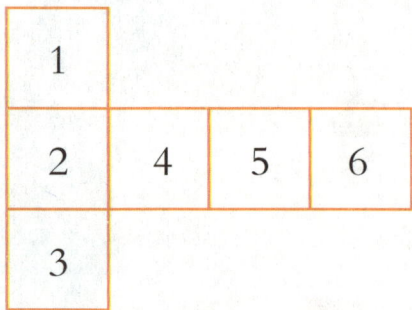

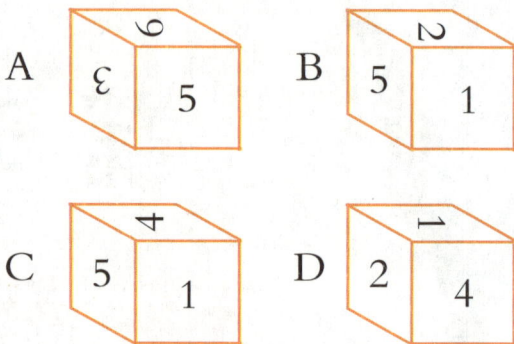

| 1 | | | |
|---|---|---|---|
| 2 | 4 | 5 | 6 |
| 3 | | | |

A 
B 
C 
D 

## 2 绘出符号

请根据规律在问号处填上适当的图形。

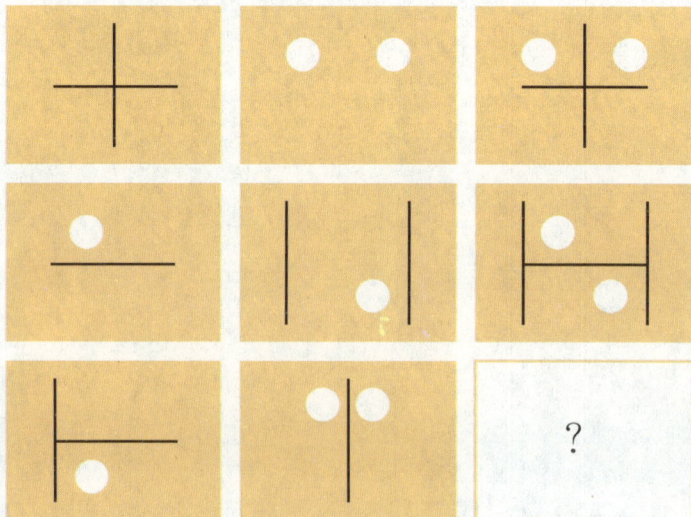

## 3 推理图形

请根据规律在问号处填上适当的图形。

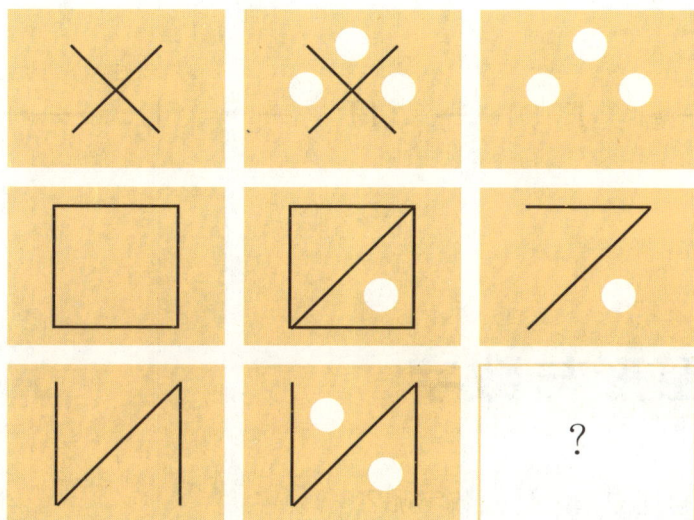

## 4 树形数列

你能完成这个数列吗？

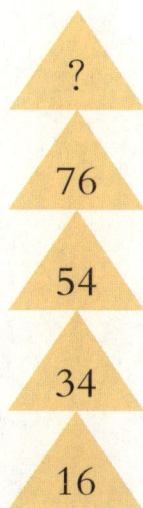

## 5 推理字母

请推测问号处应该填写什么字母?

C → E → H → L → ?

## 6 图形与数字

下面问号处应填入什么数字呢?

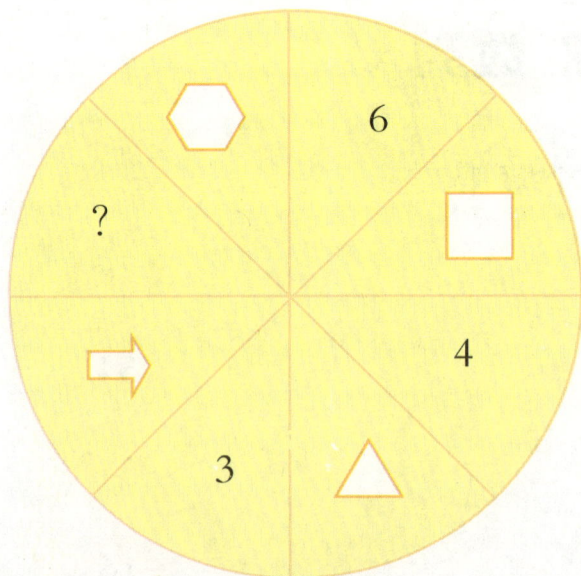

## 7 恰当的图形

在问号处填上恰当的图形。

A    B

C    D

## 8 巧填数字

请填出最后一个正方形问号处的数字。

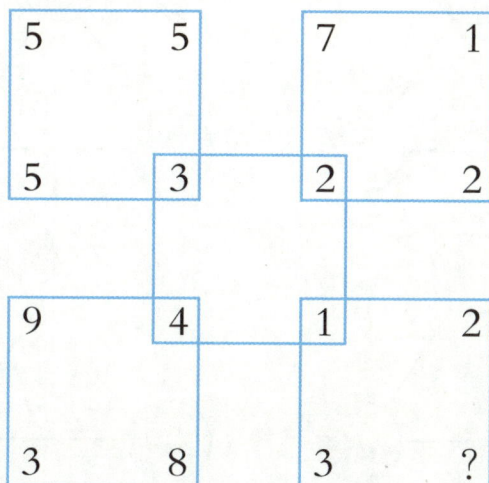

```
5      5        7      1


5      3        2      2


9      4    1      2


3      8    3      ?
```

## 9 有趣的圆盘

请在第三个圆盘里的问号处填入正确的数字。

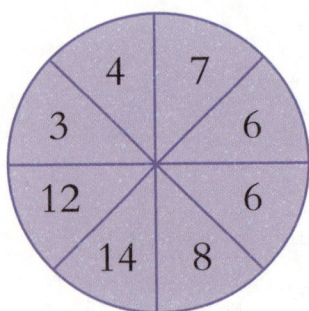

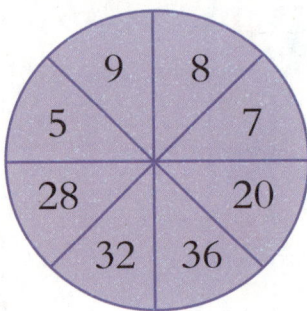

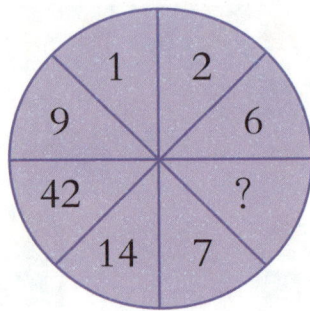

## 10 图形推理

请问最后一个三角形的图形的问号处应该是什么图形？

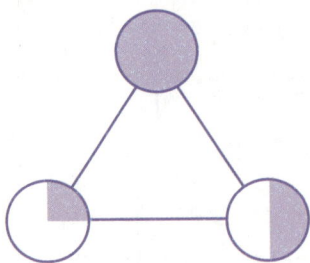

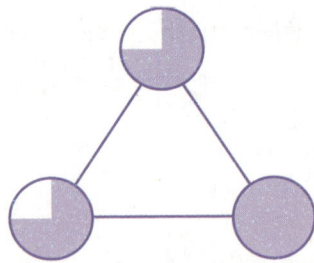

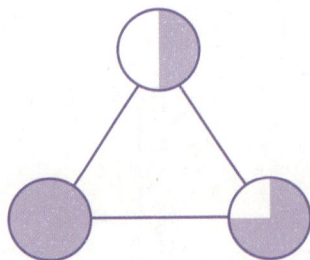

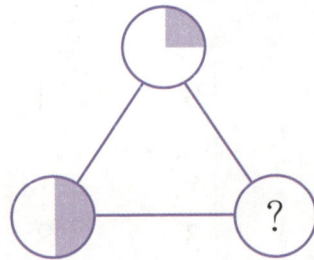

## 11 缺少的数字

请在问号处填入正确的数字。

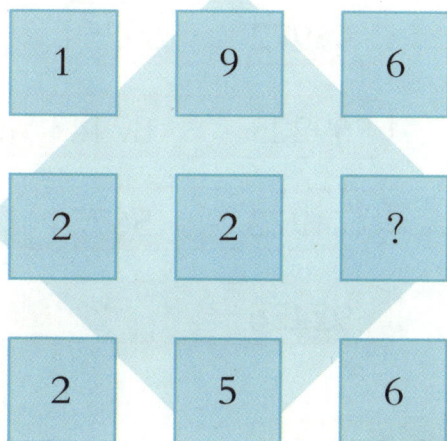

| | | |
|---|---|---|
| 1 | 9 | 6 |
| 2 | 2 | ? |
| 2 | 5 | 6 |

## 12 齿轮

下图的A是逆时针旋转，请问E是逆时针还是顺时针旋转？

## 13 五位数的规律

请在问号处填入正确的数字。

| 45972 | 63754 |
|---|---|
| 69225 | 87443 |
| 74972 | 56754 |
| 92456 | ? |

## 14 圆盘的规律

请在下面圆盘的问号处填入正确的数字。

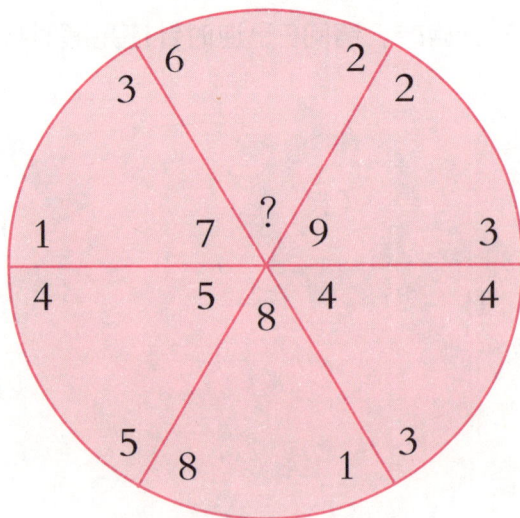

## 15 空缺的黑白圈

请根据下面黑白圈的规律，在问号处画出正确的圆圈。

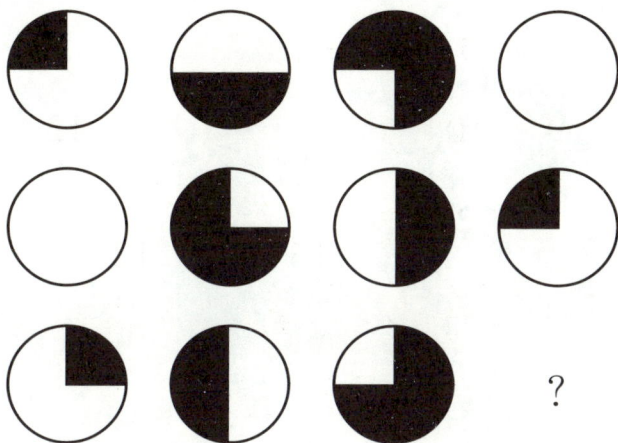

## 16 荷叶序列

根据荷叶中的数字规律，最后一片荷叶应填上什么数字？

## 17 十字格的规律

请根据十字格数字的规律，在第四个十字格的问号处填入正确的数字。

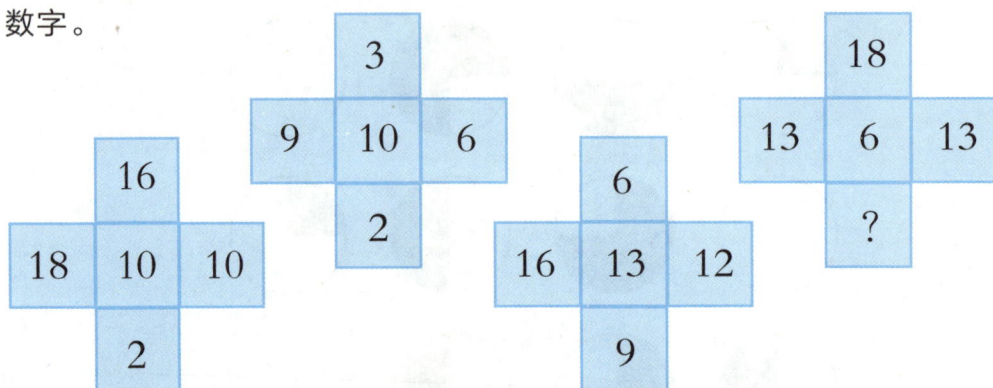

第一个十字格：
- 3
- 9 10 6
- 2

第二个十字格：
- 16
- 18 10 10
- 2

第三个十字格：
- 6
- 16 13 12
- 9

第四个十字格：
- 18
- 13 6 13
- ?

## 18 三角形规律

下面四个三角形中，有三个三角形周围的数字规律相同，有一个没有规律。你能找出来吗？

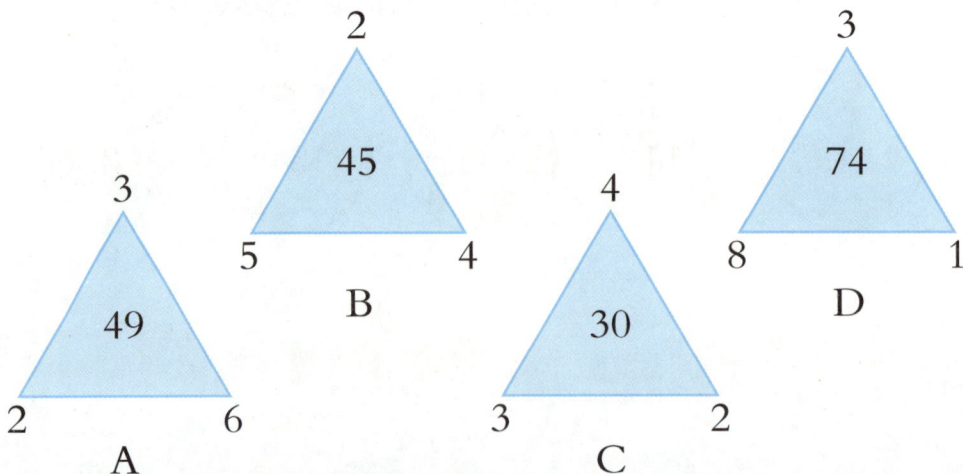

A：顶 3，中 49，底 2、6

B：顶 2，中 45，底 5、4

C：顶 4，中 30，底 3、2

D：顶 3，中 74，底 8、1

## 19 重叠的图形（一）

请根据规律在问号处填入正确的数字。

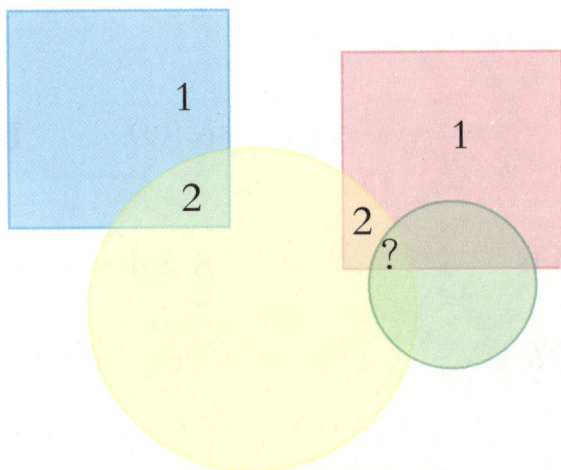

## 20 重叠的图形（二）

请根据规律在问号处填入正确的数字。

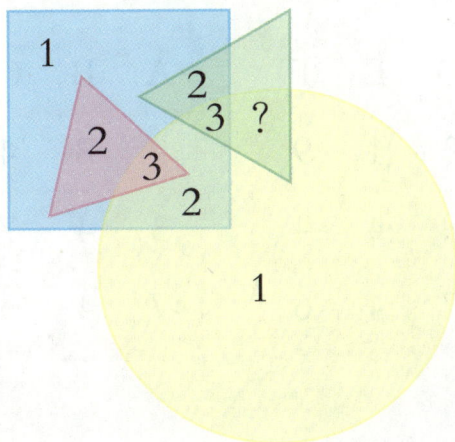

## 21 数列延续

请根据下面三排数字的规律，写出第四排的数字。

983162

26389

9836

? ? ?

A. 6 8 9　　B. 9 8 3

C. 8 2 4　　D. 9 8 6

## 22 有规律的表格

根据第一个有规律的表格，完成第二个有规律的表格。

| A | B | C | D | E | F |
|---|---|---|---|---|---|
| 4 | 1 | 5 | 3 | 1 | 9 |
| 6 | 2 | 4 | 8 | 4 | 4 |
| 2 | 9 | 4 | 7 | 4 | 6 |

| A | B | C | D | E | F |
|---|---|---|---|---|---|
| 9 | 8 | 4 | 1 | 7 | 6 |
| 3 | 4 | 7 | 6 | 5 | 4 |
| 7 | 4 | 3 | 7 | ? | ? |

## 23 六角星

根据下面六角星的规律，在问号处填写正确的字母。

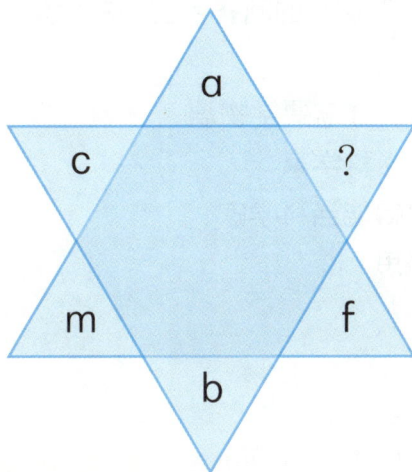

## 24 图形的秘密

要使下列竖式成立，请你推测这四个图形各表示什么数字。

## 25 学物理

爸爸要求女儿从小就要学物理。女儿说："我长大了又不想当科学家，学物理有什么用？"女儿的回答包含的前提是（　　）。

A．只有当科学家，才需要学物理

B．学了物理才能当科学家

C．学了物理不见得能当科学家

D．当科学家没意思

## 26 会说英语

只是会说英语，不能说就是英国人。下面选项中的句子和上面的句子意思相同的是（　　）。

A．作为一名英国人，只是会说英语是不够的

B．会说英语就称得上是英国人

C．一名英国人一定要会说英语

D．不会说英语，就不是英国人

## 27 不同的职业

　　小王、小李和小陈，一位是编辑，一位是演员，一位是主持人。小陈比主持人年龄大，小王和主持人不同岁，演员比小李年龄小。

　　根据上述陈述，可以推理出（　　）。
A. 小王是编辑，小李是演员，小陈是主持人
B. 小王是演员，小李是主持人，小陈是编辑
C. 小王是演员，小李是编辑，小陈是主持人
D. 小王是主持人，小李是编辑，小陈是演员

## 28 自由的人

　　不能约束自己的人，不能称之为自由的人。下面哪一句话与题目的意思最不接近？（　　）

A. 约束自己的人才能称之为自由的人
B. 不能约束自己的人是不自由的
C. 想自由，就要约束自己
D. 自由就是不约束自己。

## 29 猎人与猴子

一个猎人远远看到一只猴子双手抓着树枝。猎人马上举枪瞄准猴子，准备把它打下来。猴子意识到了危险，马上放开树枝往下落，避开子弹。假设枪声响起和猴子落下是在同一时刻，不考虑空气阻力，猴子能被打中吗？

## 30 古典文学

我喜欢看中国古典文学作品。汉朝的、唐朝的、宋朝的、近代的，我都喜欢看。这句话犯的逻辑错误是（　　）。

A. 近代的文学作品不属于古典文学作品

B. 没有说喜欢看什么作品

C. 没有把作品分成诗、词和小说

D. 应该在"近代的"后面再加"现代的"

## 31 兄弟姐妹

玛丽（女）的弟弟数了兄弟姐妹的数量，他发现他的兄弟比姐妹多了两人。那么，玛丽拥有的兄弟比姐妹多了多少人呢？

## 32 家家户户

有四户人家排成一行。已知：C家在A家的隔壁，D家与B家、A家不相邻，那么B家的隔壁是哪一家？

## 33 有规律的图形（一）

下面图形呈现一定的规律，请问第四个方格应该是什么图形？

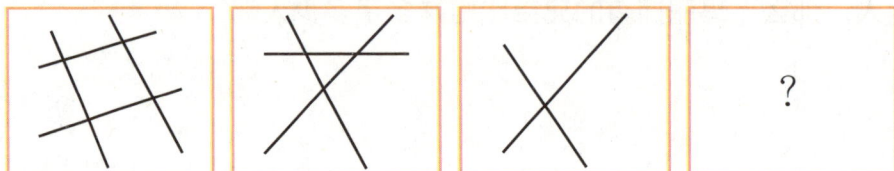

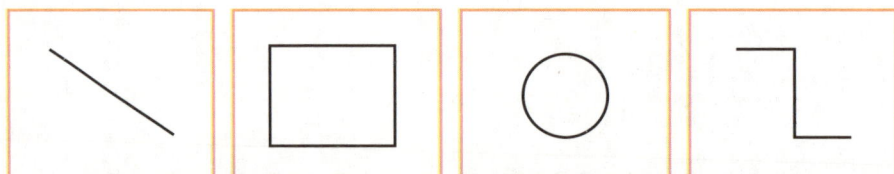

A　　B　　C　　D

## 34 有规律的图形（二）

下面图形呈现一定的规律，请问第九个方格应该是什么图形？

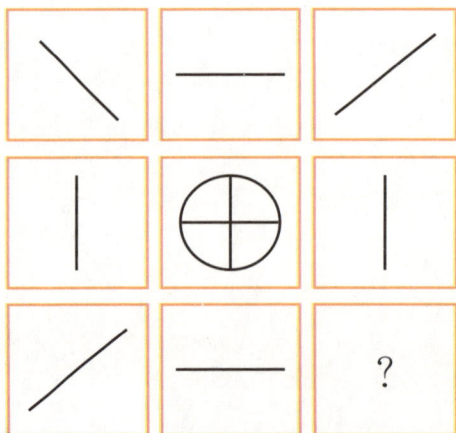

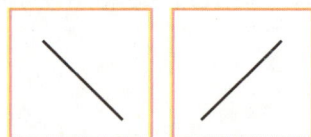

A　　B

C　　D

## 35　有规律的图形（三）

下面图形呈现一定的规律，请问第四个方格应该是什么图形？

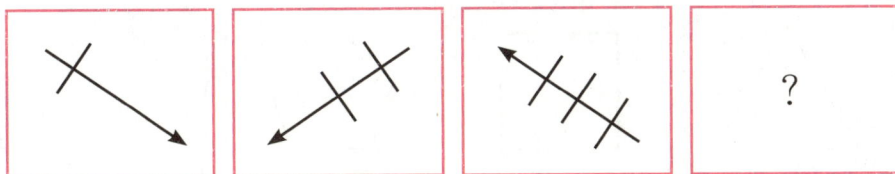

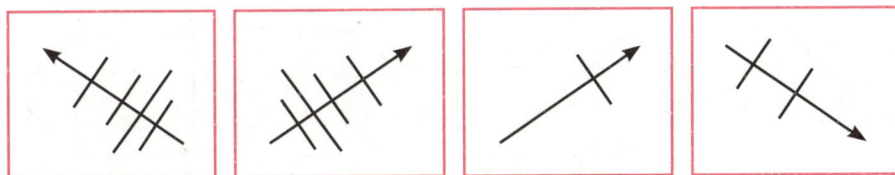

A　　　　　B　　　　　C　　　　　D

## 36　有规律的图形（四）

下面图形呈现一定的规律，请问第四个方格应该是什么图形？

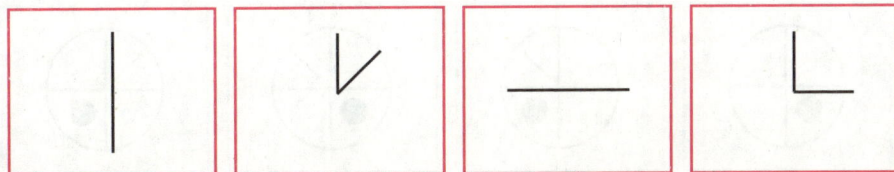

A　　　　　B　　　　　C　　　　　D

## 37 有规律的图形（五）

下面图形呈现一定的规律，请问第四个方格应该是什么图形？

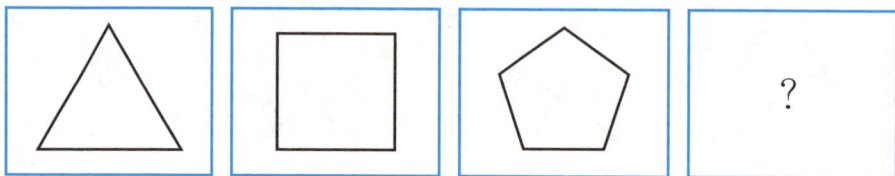

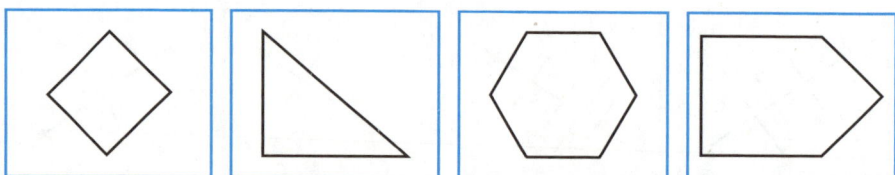

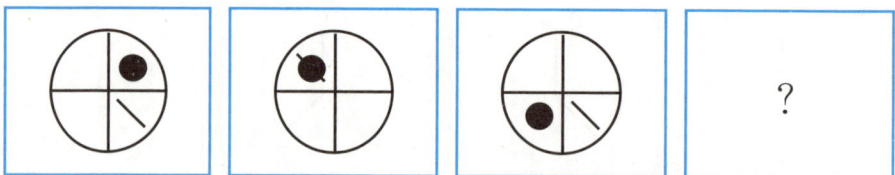

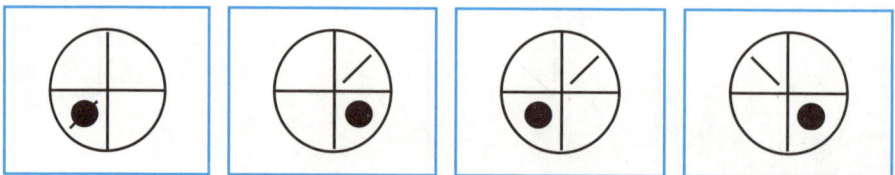

A　　　B　　　C　　　D

## 38 有规律的图形（六）

下面图形呈现一定的规律，请问第四个方格应该是什么图形？

A　　　B　　　C　　　D

## 39 有规律的图形（七）

下面图形呈现一定的规律，请问第四个方格应该是什么图形？

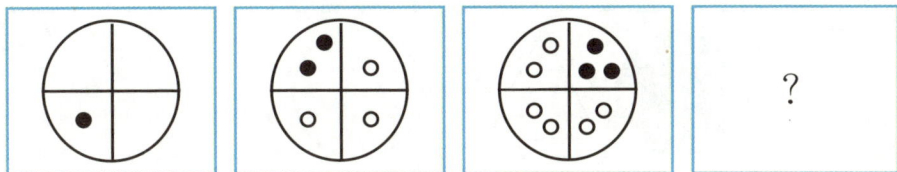

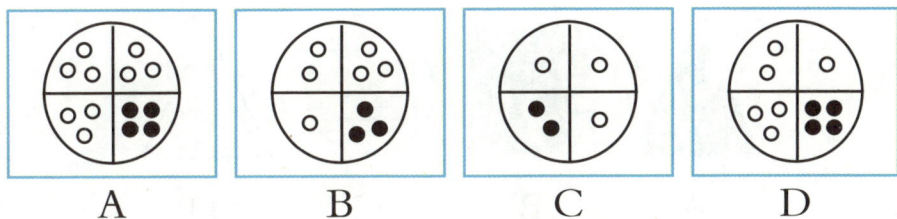

A    B    C    D

## 40 有规律的图形（八）

下面图形呈现一定的规律，请问问号处应该是什么图形？

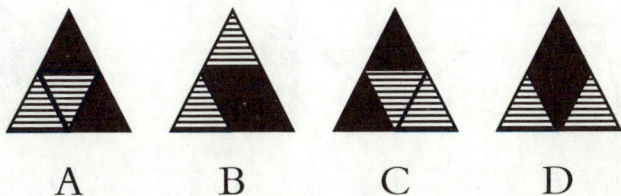

A    B    C    D

## 41 有规律的图形（九）

下面图形呈现一定的规律，请问问号处应该是什么图形？

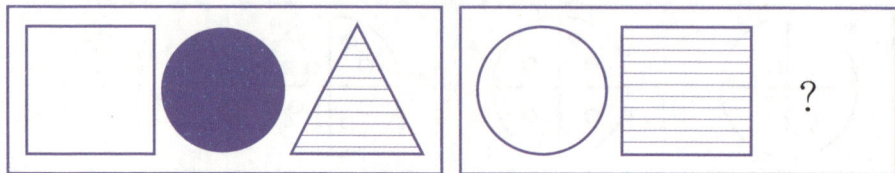

A      B      C      D

## 42 有规律的图形（十）

下面图形呈现一定的规律，请问问号处应该是什么图形？

A      B      C      D

## 43 有规律的图形（十一）

下面图形呈现一定的规律，请问问号处应该是什么图形？

A    B    C    D

## 44 有规律的图形（十二）

下面图形呈现一定的规律，请问问号处应该是什么图形？

A    B    C    D

105

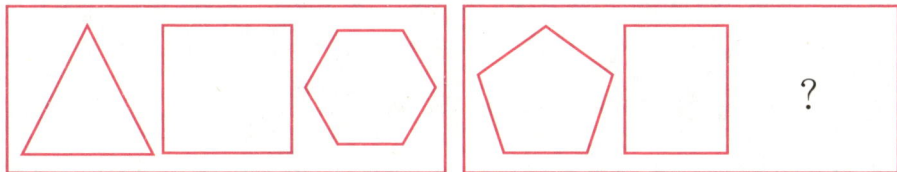

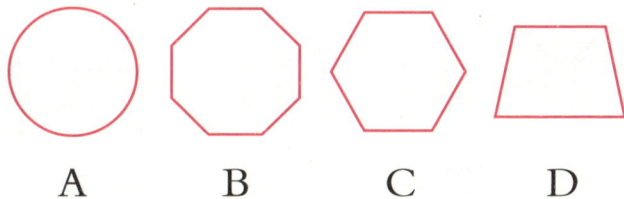

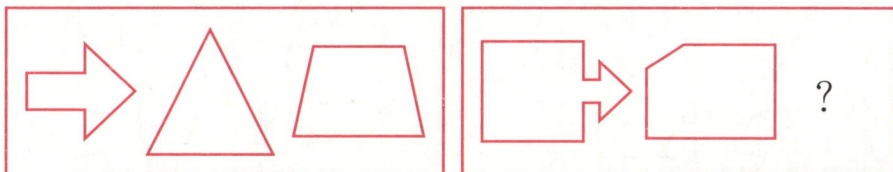

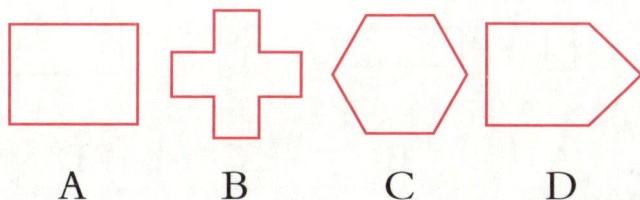

## 45 有规律的图形（十三）

下面图形呈现一定的规律，请问问号处应该是什么图形？

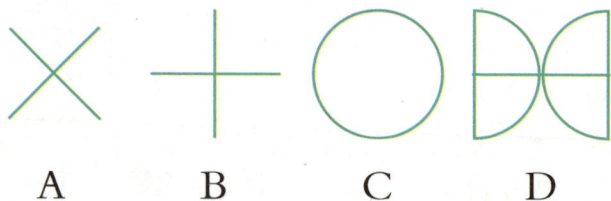

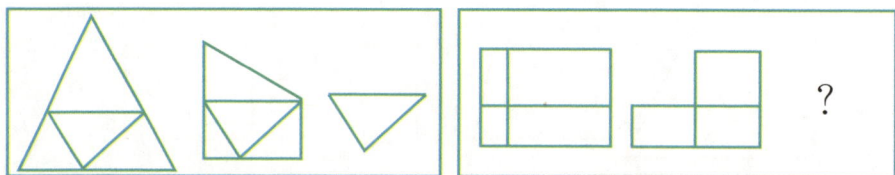

A      B      C      D

## 46 有规律的图形（十四）

下面图形呈现一定的规律，请问问号处应该是什么图形？

A      B      C      D

## 47 有规律的图形（十五）

下面图形呈现一定的规律，请问问号处应该是什么图形？

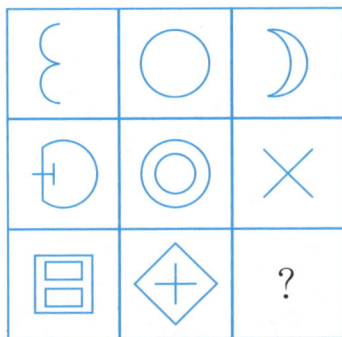

A        B        C        D

## 48 有规律的图形（十六）

下面图形呈现一定的规律，请问问号处应该是什么图形？

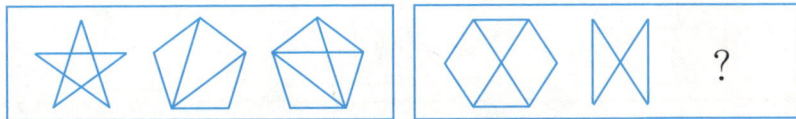

A        B        C        D

## 49 有规律的图形（十七）

下面图形呈现一定的规律，请问问号处应该是什么图形？

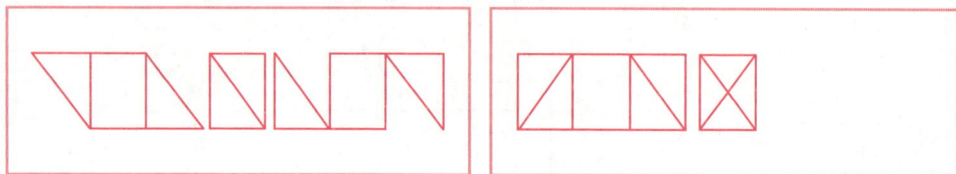

   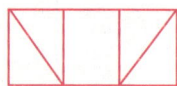      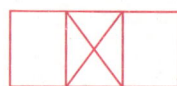

A        B        C        D

## 50 有规律的图形（十八）

下面图形呈现一定的规律，请问问号处应该是什么图形？

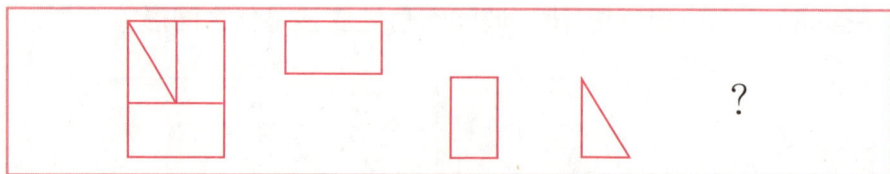

A        B        C        D

## 51 有规律的图形（十九）

下面图形呈现一定的规律，请问问号处应该是什么图形？

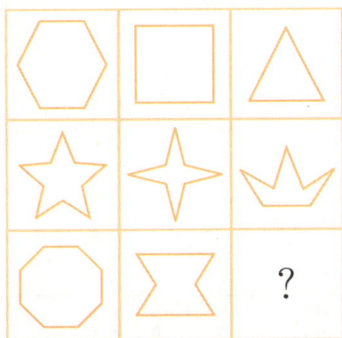

A      B      C      D

## 52 有规律的图形（二十）

下面图形呈现一定的规律，请问问号处应该是什么图形？

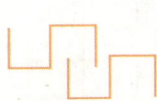

A      B      C      D

## 53 有规律的图形（二十一）

下面图形呈现一定的规律，请问问号处应该是什么图形？

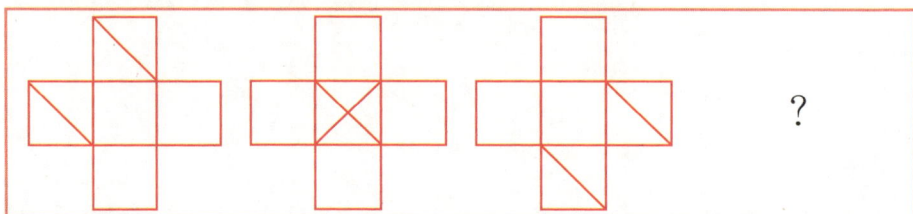

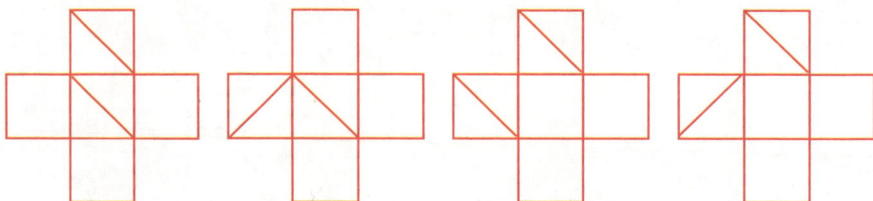

A        B        C        D

## 54 有规律的图形（二十二）

下面图形呈现一定的规律，请问问号处应该是什么图形？

    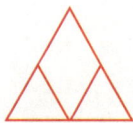    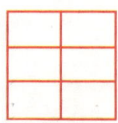    

A        B        C        D

## 55 有规律的图形（二十三）

下面图形呈现一定的规律，请问问号处应该是什么图形？

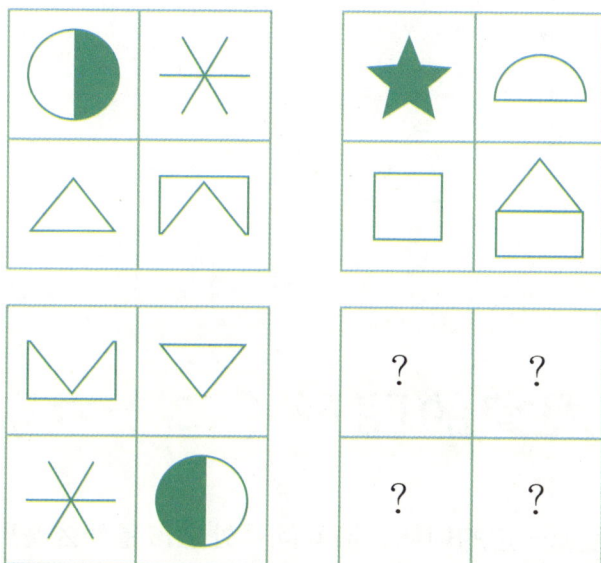

## 56 有规律的图形（二十四）

下面图形呈现一定的规律，请问问号处应该是什么图形？

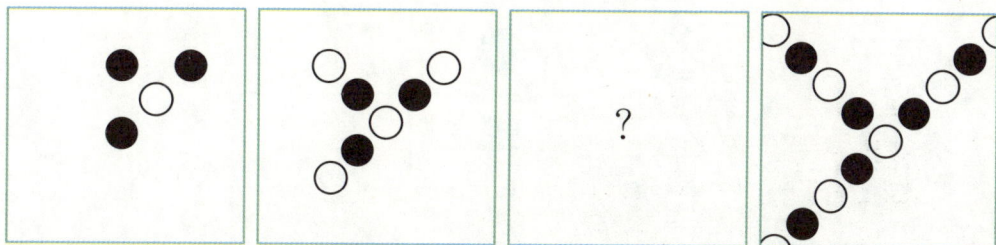

## 57 有规律的图形（二十五）

下面图形呈现一定的规律，请问问号处应该是什么图形？

## 58 有规律的图形（二十六）

下面图形呈现一定的规律，请问问号处应该是什么图形？

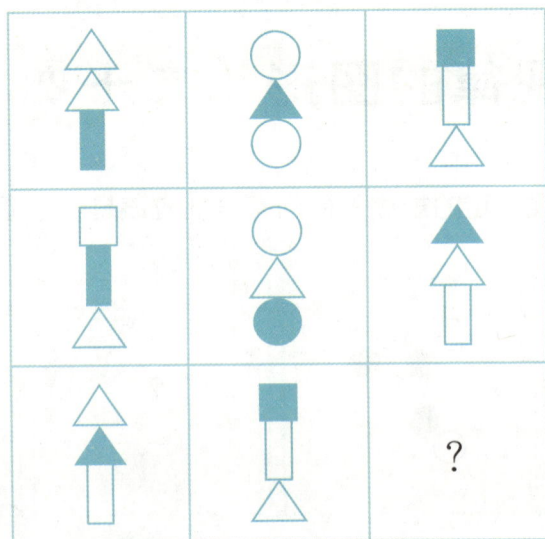

参考答案

# 第一章　语言力

**1. 各卖什么货**

雨伞、脸盆、熨斗

**2. 根据古诗猜成语**

一日千里

一落千丈

来之不易

销声匿迹

**3. 八字成语**

万夫莫开

只欠东风

必有近忧

孰能无过

**4. 看指南针猜成语**

天南海北　　南征北战　　东张西望　　东躲西藏

**5. 加一笔变新字（一）**

习　　风

龙　　匆

产　　轧

烊　　酉

**6. 加一笔变新字（二）**

严　　吐

吏　　庄

乱　　丢

买　　压

## 7. 减一笔变新字（一）

米　　火

代　　宁

今　　茶

业　　止

## 8. 减一笔变新字（二）

万　　月

云　　司

么　　日

牛　　卜

## 9. 猜猜是什么（一）

撒哈拉沙漠

## 10. 猜猜是什么（二）

中国象棋

## 11. 对联万花筒

（文）中有戏（戏）中有文识文者看（戏）不识戏者看（文）

音里藏（调）调里藏（音）懂（音）者听调不懂（调）者听音

## 12. 七种水果

木

"木"与其他汉字构成的橙、柑、桃、梨、李、椰、柿，均为水果。

## 13. 看图猜成语（一）

历历在目

一心二用

## 14. 看图猜成语（二）

飞黄腾达

立竿见影

## 15. 脑机急转弯

缺蒜（算）、少盐（言）、无姜（缰）、短酱（将）

## 16. 组合猜字

1：氏； 2：日

3：辰； 4：月

## 17. 量词连一连

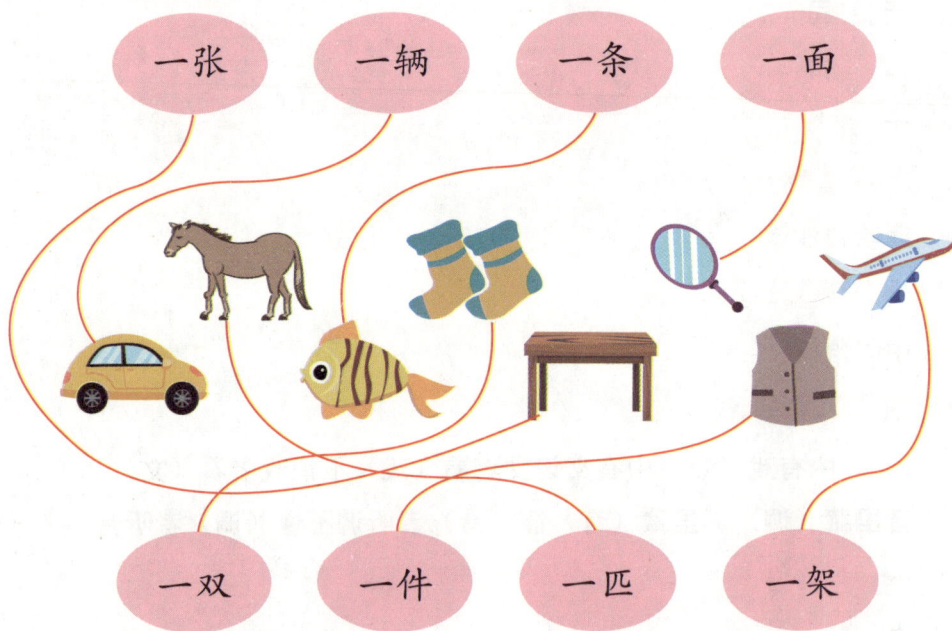

一张　一辆　一条　一面

一双　一件　一匹　一架

## 18. 谜语连一连

长长一条龙，走路轰隆隆，跨河又钻洞，呜呜向前冲。

小冬瓜，腰里挂，咚咚咚，被人打。

一间小药房，药品里面藏，房子涂白色，十字画中央。

## 19. 诗词填数

三十　　八千

三千　　九

两　　　一

七八　　两三

## 20. 钟表成语

一时半刻　　七上八下　　三长两短

## 21. 姓甚名谁

李调元

他作的是一首藏头诗，将这首诗的每行第一个字连起来便是"李调元也"。

## 22. 藏头成语

天天树叶绿，日日百花开　　长春

## 23. "二"的妙用

夫　井　开　王

丰　毛　牛　手

| 午 | 天 | 元 | 五 |
|---|---|---|---|
| 仁 | 无 | 月 | 云 |

### 24. 加两笔成新字

| 天 | 夫 | 从 | 火 |
|---|---|---|---|
| 介 | 太 | 犬 | 仑 |
| 欠 | 认 | 木 | 以 |
| 今 | 仓 | 仄 | 内 |

### 25. 看图连线（一）

旭日东升

烈日当头

万家灯火

雄鸡报晓

艳阳高照

月明星稀

### 26. 看图连线（二）

天高云淡

银装素裹

草长莺飞

金风送爽

骄阳似火

百花争艳

烈日炎炎

天寒地冻

## 27. 成语迷宫（一）

| 百 | 家 | 争 | 鸣 | | |
| 花 | | 先 | | | |
| 齐 | | 恐 | | | |
| 放 | | 后 | 会 | 无 | 期 |

| 出 | 生 | 入 | 死 | | |
| | | | 气 | | 沧 |
| | | 石 | 沉 | 大 | 海 |
| | | | 沉 | | 一 |
| | | | | | 粟 |

## 28. 成语迷宫（二）

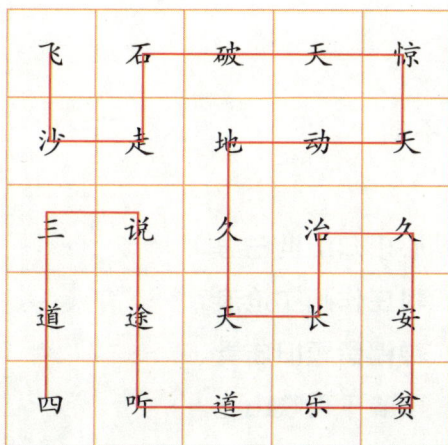

| 飞 | 石 | 破 | 天 | 惊 |
| 沙 | 走 | 地 | 动 | 天 |
| 三 | 说 | 久 | 治 | 久 |
| 道 | 途 | 天 | 长 | 安 |
| 四 | 听 | 道 | 乐 | 贫 |

### 29. 成语接龙（一）

大难临头　头头是道　道听途说　说古道今　今非昔比

### 30. 成语接龙（二）

地大物博　博大精深　深入浅出　出尔反尔　尔虞我诈

### 31. 连连看

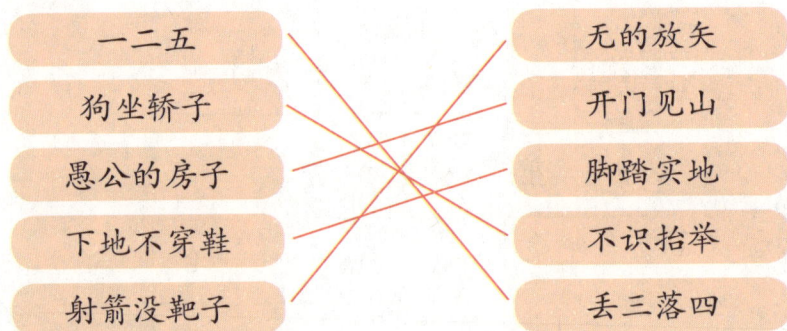

一二五 —— 无的放矢
狗坐轿子 —— 开门见山
愚公的房子 —— 脚踏实地
下地不穿鞋 —— 不识抬举
射箭没靶子 —— 丢三落四

### 32. 猜成语

不言而喻

风雨交加

分秒必争

出人头地

沉默寡言

### 33. 棋盘成语

一马当先　按兵不动

### 34. 八山叠翠诗

山山远隔半山塘，心乐归山世已忘。

楼阁拥山疑阆苑，村庄作画实沧浪。

渔歌侑醉新丝竹，禅榻留题旧庙堂。

山近苏城三四里，山峰千百映山光。

**35. 数字藏成语**

接二连三

得寸进尺

丢三落四

七零八落

三五成群

**36. 谜语联**

国　怠

秃　驴

**37. 图形变汉字**

**38. 变成语**

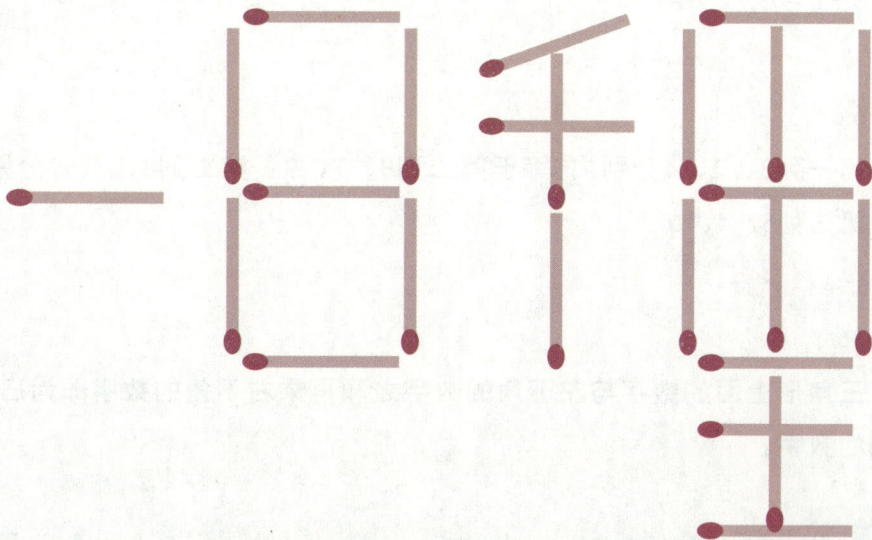

# 第二章　计算力

## 1. 奇妙的算式

2＋60

加号前的数字，四个数一个循环；加号后的数字是题序数字的两倍。

## 2. 问号代表的数

4

五角星上面一个数加下面两个数等于中间两个数之和。

## 3. 时间

第四个钟面上的时间是7：50。

根据前三个钟表可知分针分别逆时针走了5分钟和10分钟，时针分别顺时针走了1个小时和2个小时，所以第四个钟表的分针应逆时针走15分钟，时针顺时针走3个小时，即为7：50。

## 4. 填数字

1和9

$B＋D＝E$，$E－A＝C$

## 5. 最后一个数

6

第一列3、2、4分别加5等于第二列8、7、9；第二列8、7、9分别减3等于第三列5、4、6。

## 6. 三角填数

36

三角形上面的数字与左下角的数字之和再乘右下角的数字即为三角形中间的数字。

## 7. 快速计算

48

$A×B×C÷D＝16×3＝48$。

## 8. 黑板上的数字

342

$6－2＝4$，$22－6＝16$，$86－22＝64$，由此可见，它们的得数都是4倍的关系，所以下一个数字为$64×4＋86＝342$。

## 9. 完成链形图

58

链形图中前两个数字的和等于第三个数字。

## 10. 计算数字

8

每一排第一个数字与第二个数字的和乘第三个数字，再减去第四个数字，等于第五个数字，$（5＋0）×3－7＝8$。

## 11. 不符合规律的数字

88和10

2、5、6的立方为8、125、216；3、4、7的平方为9、16、49。所以，只有88和10不符合规律。

## 12. 补充数字

14

图形中左侧数字3、4、5的和与6、8、10、5的和相差17，右侧数字5、8、11的和与数字5、10、16、10的和相差17，所以3、6、9的和与4、8、?、9的和也应相差17，9、10、11的和与9、?、16、8的和也相差17。

## 13. 奇特竖式

8

五个相同的数加起来的得数的个位数为0，那么这五个相同的数为偶数。所以能填进圆圈里的数字只有2、4、6、8，符合题目要求的只有数字8。

### 14. 墨迹

$$
\begin{array}{r}
2\ 8\ 9 \\
+\ 7\ 6\ 4 \\
\hline
1\ 0\ 5\ 3
\end{array}
$$

### 15. 组合规律

2

规律：数字是几，就代表有几个图形重叠。

### 16. 数字乐园

76

每组六边形中，下面的数都等于上面的数的平方分别减去1、2、3、4、5。

### 17. 完成谜题（一）

6

无论是横向计算还是纵向计算，这些数字相加都等于15。

### 18. 完成谜题（二）

16

从左下角开始，按顺时针方向，这些数字分别是1~9的平方数。

### 19. 数字圆盘

1

把圆盘中上面两格数字的平方相加，计算结果就是圆盘下面的数字。

## 20. 金字塔上的问号

28

设丢失的数字为 $x$ ，然后一层层填满空格，那么顶部的数字就为 $3x+28$ ，我们知道这个数字等于112，所以 $3x=112-28=84$ ，所以 $x=28$ 。

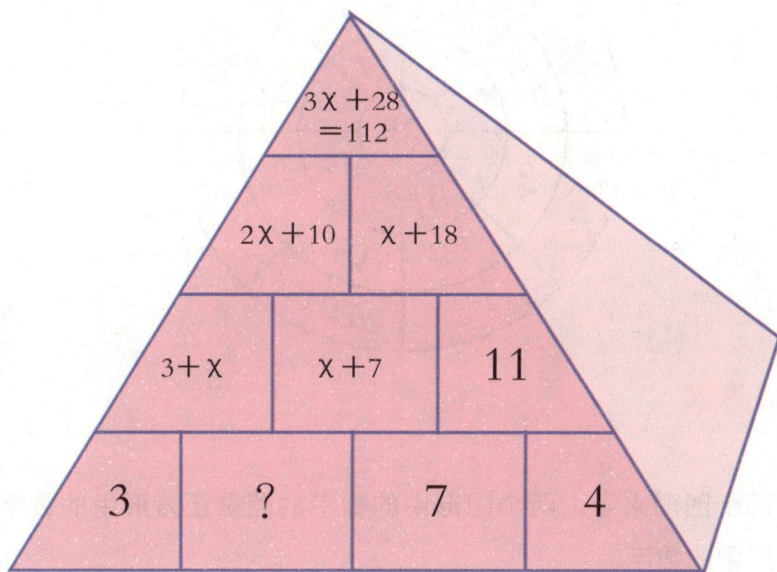

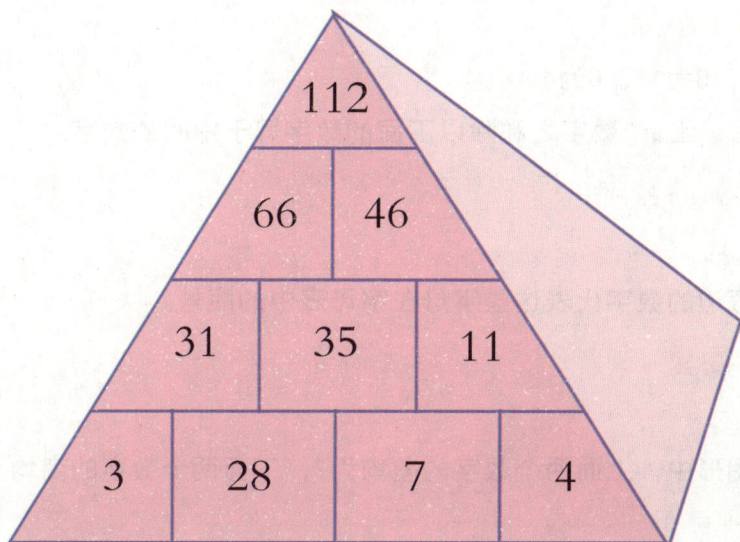

### 21. 箭靶上的数字

红圈的数字是黄圈数字的两倍，黄圈的数字与蓝圈的数字差为25。

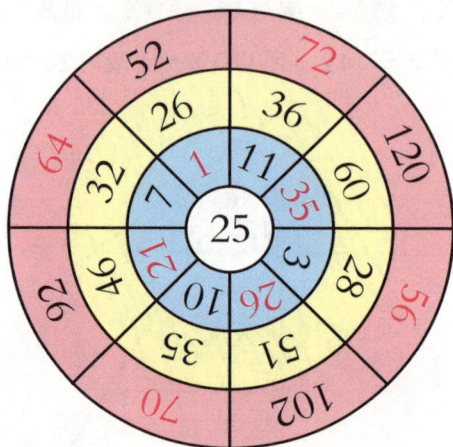

### 22. 所缺的数

选C

从前两个图形来看，两个圆形中的数字的差乘正方形中的数字，结果等于三角形中的数字。

### 23. 数字十字架

A为17，B为11，C为4。

左、右、上3个数字之和除以下面的数字等于中间的数字。

### 24. 字母旁的数字

23

字母旁边的数字代表这些字母在字母表中的序号。

### 25. 数字明星

14

每个图形中，上面两个数字的差均为7，下面两个数字的商均为4。

## 26. 有名的数列

34

这是著名的斐波那契数列，这个数列从第三项开始，每一项都等于前两项之和。

## 27. 三"v"数列

26

上面两个数字相加，再乘2，即为下面数字。

## 28. 巧填五边形

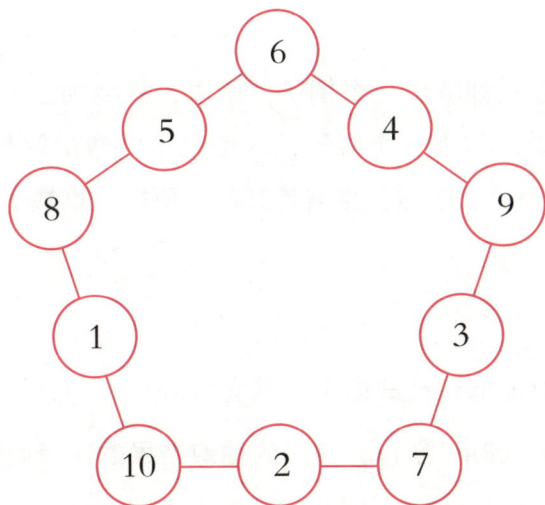

## 29. 数字阶梯

10

按列进行计算，每列数字之和都是23。

## 30. 符号的含义

★=5，〇=7，◆=10，△=14。

## 31. 取代问号的数字

21

直接相对的两个数字之和为55。

### 32. 找规律填数

①64。规律：每个数字依次是1、2、3、4、5、6的立方。

②18。规律：相邻的两个数字之和等于下一个数。

### 33. 添加数字

$91×11×111＝111111$

### 34. 多少种搭配

$4×8×4＝128$（种）

### 35. 数橘子

不管如何数，都缺少一个橘子，所以，只要加上一个橘子，就能正好数完。也就是说，加上一个橘子，这堆橘子的数量就是2、3、4、5、6、7、8、9、10的最小公倍数，也就是2520，所以这堆橘子至少有2519个。

### 36. 放混的雨伞

$\dfrac{1}{6}$

三个人随机抽取自己的雨伞，共有六种可能的抽取结果：ABC、ACB、BAC、BCA、CAB、CBA。所以，正确的抽取结果占这6种结果的$\dfrac{1}{6}$。

### 37. 数字的逻辑

25

### 38. 相反数

92、29或81、18。

# 第三章 分析力

## 1. 掉在井里的麻雀

不能。

因为井口很小又很深，而鸟类起飞需要一定的横向距离，它们不像直升机一样可以垂直升降。所以麻雀掉进井里是飞不出来的。

## 2. 连星星

## 3. 选木条

选第一组木条。

在一个三角形中，任意两边之和大于第三边，任意两边之差小于第三边。长度为300、400、700的三根木条不可能构成一个三角形，所以选第一组木条。

## 4. 巧移火柴

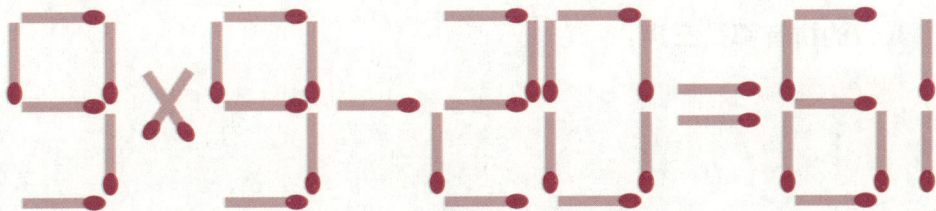

## 5. 连点的方法

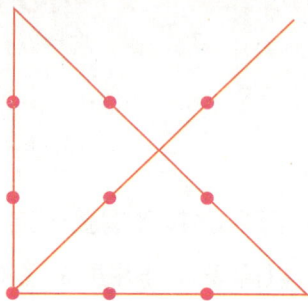

## 6. 猜谜语比赛

不可能。

因为6和3都是3的倍数，最后的得分也应该是3的倍数，而70与73均不是3的倍数。

## 7. 三个数

这三个数是1、2、3。

## 8. 奇怪的三位数

504

$7 \times 8 \times 9 = 504$

## 9. 表格中的规律

A为17，B为18，C为14。

每行每列里的数字和为50。

## 10. 找关系

1、3、8、7的拼音都是一声；

2、4、6的拼音都是四声；

5、9的拼音都是三声。

## 11. 填图形

第一列圆形中的块数加上第三列圆形中的块数，等于第二列圆形中的块数。

## 12. 小狗的倒影

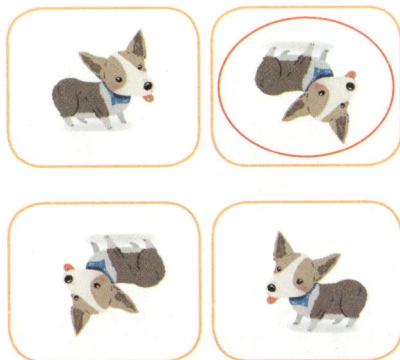

## 13. 哪一个不同类

第一组图形前三个都是刀具，案板不属于刀具。第二组图前三个都是食草动物，老虎是食肉动物。第三组图形前三个都是西洋乐器，第四个是民族乐器。

## 14. 正确的图形

### 15. 找不同

梯形

其他三个既是轴对称也是中心对称图形，而梯形只是轴对称图形。

### 16. 镜子里的数字

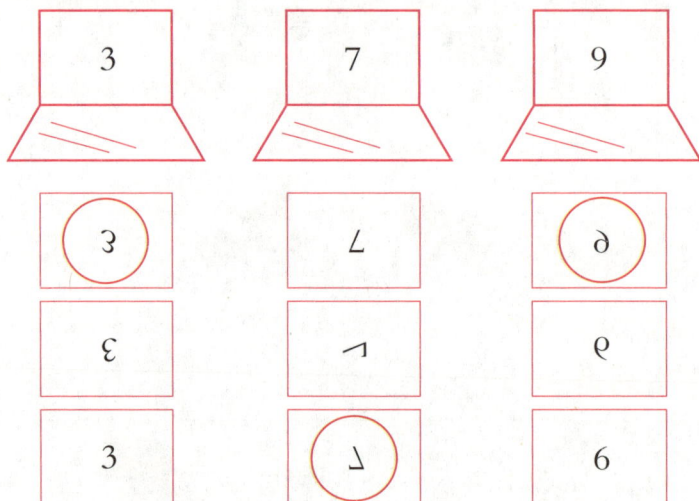

### 17. 组成正方形

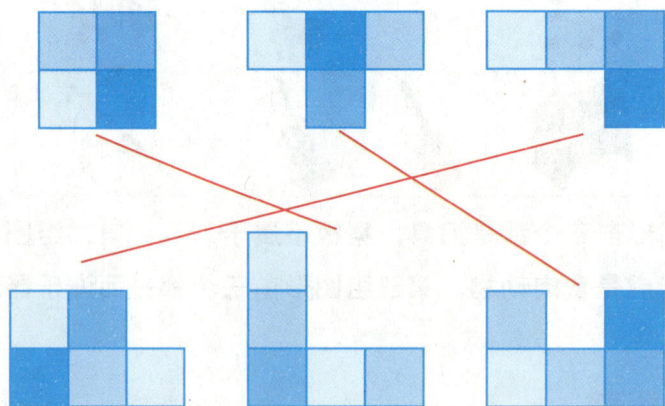

**18. 折成正方体**

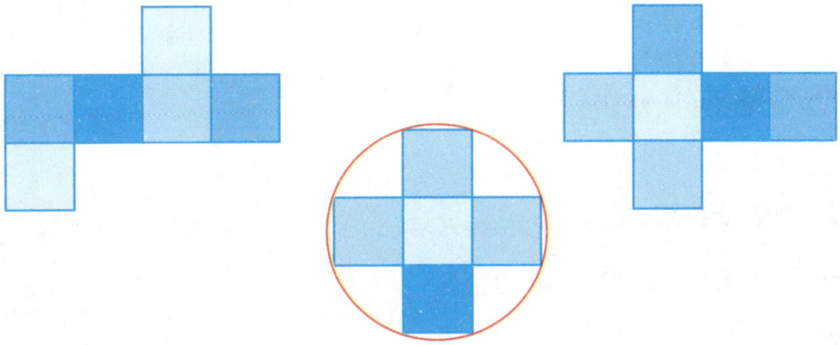

**19. 数图形**

九个

**20. 猜图形**

c

图形从第一行第一列开始，按照空心圆、实心圆、五角星的顺序循环排列。

**21. 找不同**

# 第四章　判断力

**1. 哪个不是的（一）**

鸡

鸡的脚掌没有蹼。

**2. 哪个不是的（二）**

钢琴

钢琴是18世纪发明的。

**3. 哪个不是的（三）**

熊猫

熊猫是中国特有的动物。

**4. 哪个不是的（四）**

汉堡包

汉堡包是欧美的传统食品。

**5. 哪个不是的（五）**

宫殿一

宫殿一是西洋建筑。

**6. 哪个不是的（六）**

电冰箱

电冰箱不是家具，是家用电器。

**7. 哪个不是的（七）**

橡皮

橡皮是用来擦写错了的铅笔印的。

## 8. 哪个不是的（八）

足球

足球是用脚踢的。

## 9. 哪个不是的（九）

恐龙

恐龙生活在中生代。

## 10. 哪个不是的（十）

电风扇

电风扇是用来散热和通风的。

## 11. 错误的数字（一）

多了

希腊字母一共只有24个。

## 12. 错误的数字（二）

多了

刘翔的成绩是12秒91。

## 13. 错误的数字（三）

少了

司马迁写《史记》花了13年。

## 14. 错误的数字（四）

不正确

李白是公元8世纪的人。

## 15. 错误的数字（五）

少了

一共有20个六边形。

### 16. 错误的数字（六）

多了

德州一共16个州。

### 17. 比较（一）

面包

奶油蛋糕一天之内须吃完；面包保质期一般是三天。

### 18. 比较（二）

《资治通鉴》

《史记》一共有130卷，《资治通鉴》一共有294卷。

### 19. 比较（三）

华山

华山海拔约2155米；泰山海拔约1545米。

### 20. 比较（四）

天王星

天王星直径约51118千米；海王星直径约49532千米。

### 21. 比较（五）

凯旋门

伊丽莎白塔建成于1858年；凯旋门建成于1836年。

### 22. 比较（六）

乒乓球

羽毛球重4.74～5.50克；乒乓球重2.53～2.70克。

### 23. 比较（七）

《林肯传》

《林肯传》上映于1930年；《乱世佳人》上映于1939年。

### 24. 比较（八）

长江

长江全长约6300千米；黄河全长约5464千米。

### 25. 一笔画（一）

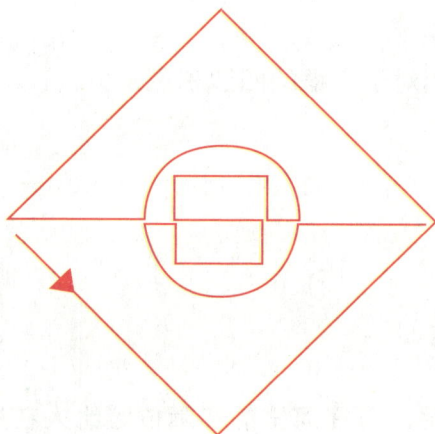

### 26. 一笔画（二）

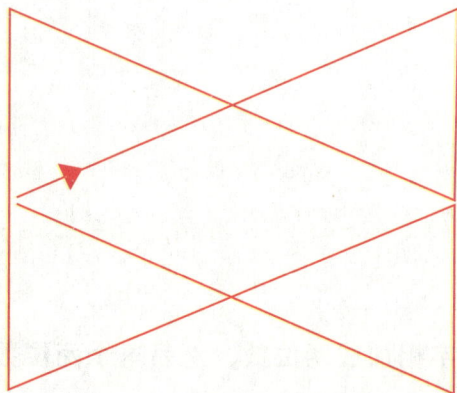

### 27. 异样的图形

正方形

因为其他三个图形都只是轴对称图形，而正方形既是轴对称图形，又是中心对称图形。

## 28. 带数字的球

28

其他数字的十位数和个位数相加和都是9，只有28的十位数和个位数相加和是10。

## 29. 斜线

靠下的那条横线相对于方框的四边来说是斜的。

## 30. 笑脸

都不是笑脸。

两张脸是镜像图。

## 31. 河里的鱼

不一样。

由于水的折射作用，鱼在河里的实际位置比人在岸边看到的鱼的位置要低。

## 32. 哪个大

一样大。

## 33. 拼图

A、B、C三项。

## 34. 找等式

D不一样。

其他选项四个数字相加成两位数，然后这个两位数的十位数与个位数相加得到等号右边的数。

## 35. 正方形的中心

第三个点。

### 36. 去掉数字

去掉28之后，剩下的数字的规律是前两个数字的和等于后一个数字。

### 37. 有规律的花纹

C

规律是上下相对的两个图形可以拼成一个完整的正方形。

### 38. 添加数字

45

规律是第n个数的数值等于前一个数的数值加n。

### 39. 旋转的黑白点

D

从左上角第一个圆圈开始，黑点按逆时针方向每次移动一步，白点在两个相对应的方向交替。故选D。

### 40. 不同的箱子

B

### 41. 不同的字母

R

I、H、E上下对称，R上下不对称。

### 42. 拆开三棱柱

C

### 43. 各种各样的图形

B

B是轴对称图形，其他三个是中心对称图形。

### 44. 不同的杠铃

D

因为其他项上下两个数字相乘得偶数，D项上下两个数字上下相乘得奇数。

## 45. 不一样的图形

D

B项是把A顺时针旋转90°得到的；C项是把A逆时针旋转90°得到的。

## 46. 填数字

9

每组数上面两个数字与中间数字的和跟下面两个数字的和一样。

## 47. 有趣的钟

4点钟的位置。

第一个至第三个钟表的时针与分针数字相加是：$1+2=3$；$2+3=5$；$2+5=7$。第四个钟表的分针指向的计算方法是：$9-5=4$。

## 48. 填图

B

左图的规律是每个图形外面都有一条直线，并且这条直接按顺时针方向移动。根据这个规律，B项正确。

## 49. 有趣的数字

1028

前一个数字的个位数和千位数相乘，积的个位数和十位数分别是后一个数字的个位数和千位数。前一个数字的十位数和百位数相乘，积的个位数和十位数分别是后一个数字的十位数和百位数。

## 50. 表格内的数字

125

以相邻的上下左右四个长方形为一组，右下角的数字是其他三个数字之和。

## 51. 最短的路程

左边的路线短，如图所示。

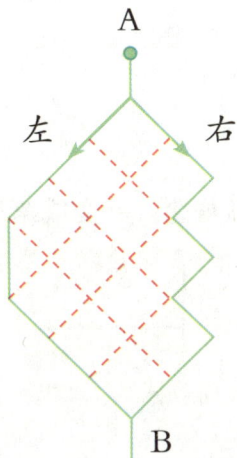

## 52. 几个正方形

10个

## 53. 对面的数字

4

请看展开图。

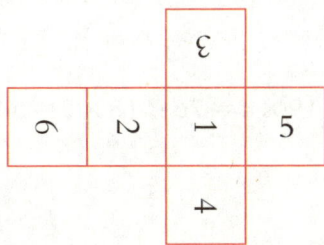

## 54. 圆圈内的数字

8

每一条线数字相加都是15。

# 第五章 推理力

## 1. 折叠的图形

D

## 2. 绘出符号

每一横排，前面两个图形重叠，就变成第三个图形。

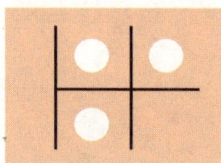

## 3. 推理图形

每一横排，左边和右边两个图形重叠，就变成中间的图形。

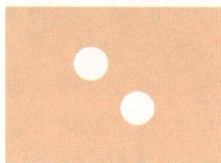

## 4. 树形数列

100

四个数字的规律是：$19 \times 4 = 76$；$18 \times 3 = 54$；$17 \times 2 = 34$；$16 \times 1 = 16$。所以 $20 \times 5 = 100$。

## 5. 推理字母

Q

C与E相差一个字母，E与H相差两个字母，以此类推。

## 6. 图形与数字

7

顺着逆时针方向，数字是下一个图形的边数。

## 7. 恰当的图形

C

## 8. 巧填数字

0

外面四个正方形中，三个数字的和除以小方格里的数都等于5。

## 9. 有趣的圆盘

63

第一个圆盘里上面的数字乘2得到下面对应的数字；第二个圆盘的乘数是4；第三个圆盘里的乘数是7。

## 10. 图形推理

四组图形，最上面的四个圆圈按逆时针方向增加 $\frac{1}{4}$ 的白色面积。上面两组图形，下面的四个圆圈按顺时针方向增加 $\frac{1}{4}$ 的紫色面积。下面两组图形，下面的四个圆圈按逆时针方向增加 $\frac{1}{4}$ 的白色面积。

## 11. 缺少的数字

5

每一横排是一个三位数，三个三位数分别是14、15、16的平方。

## 12. 齿轮

E是顺时针旋转。

## 13. 五位数的规律

74638

每组数字中，左边五位数的偶数数码加2，奇数数码减2，就得到了右边的五位数。

### 14. 圆盘的规律

9

每一部分外面两个数字相加等于相对应部分的里面的数字。

### 15. 空缺的黑白圈

每一排从左边第一个图形开始，向右边顺时针增加$\frac{1}{4}$，并且下一个图形的颜色与前一个互相颠倒。

### 16. 荷叶序列

404

每一个数乘3，再加上2。

### 17. 十字格的规律

2

每个十字格，左右两数之和减去上下两数之和的差，等于中间的数。

### 18. 三角形规律

C

其他三项的规律是：三角形三个角的数字的平方的和等于三角形内的数字。

### 19. 重叠的图形（一）

3

数字等于图形重叠的个数。

## 20. 重叠的图形（二）

2

数字等于图形重叠的个数。

## 21. 数列延续

A

## 22. 有规律的表格

4、9

这两个数字格子的规律是（A×B）＋（C×D）＝E×10＋F

## 23. 六角星

z

每一个字母的排列序号相当于数值，左边的三个数乘2等于右边的三个数，因此m（13）×2＝z（26）。

## 24. 图形的秘密

◇＝1；☆＝2；△＝4；○＝5。（答案不唯一。）

## 25. 学物理

A

## 26. 会说英语

A

## 27. 不同的职业

B

## 28. 自由的人

D

## 29. 猎人与猴子

能被打中

因为猴子下落的距离和子弹发出去后下落的距离是完全相同的。

## 30. 古典文学

A

## 31. 兄弟姐妹

4人

假设，玛丽的弟弟的兄弟人数是x，那么姐妹人数就是x－2。然后，玛丽的兄弟人数是x＋1，姐妹人数是x－3，（x＋1）－（x－3）＝4。

## 32. 家家户户

A家

## 33. 有规律的图形（一）

A

方框内的线逐一减少。

## 34. 有规律的图形（二）

A

## 35. 有规律的图形（三）

B

箭头上的横线逐一增加，而且箭头顺时针旋转。

## 36. 有规律的图形（四）

B

## 37. 有规律的图形（五）

C

图形的边数逐一增加。

## 38. 有规律的图形（六）

D

线条是往对应方向移动，黑点是逆时针移一格。

## 39. 有规律的图形（七）

A

## 40. 有规律的图形（八）

B

前面两个图形叠加在一起，颜色相同的部分变成白色，颜色相反的部分变成黑色，这样就得到了第三个图形。

## 41. 有规律的图形（九）

A

## 42. 有规律的图形（十）

A

三幅图的重心依次是上、中、下。

## 43. 有规律的图形（十一）

B

图形的规律是：第一幅图的边数＋第二幅图的边数－1＝第三幅图的边数。

## 44. 有规律的图形（十二）

C

图形的规律是：第一幅图的边数－第二幅图的边数＝第三幅图的边数。

## 45. 有规律的图形（十三）

D

第一个图形分成两半，反方向转换，再拼装在一起，成为第二个图形。

## 46. 有规律的图形（十四）

B

第一个图形和第二个图形共有的部分是第三个图形。

### 47. 有规律的图形（十五）

A

第一行的图形只用一笔就可以画出，第二行的图形至少用两笔才可以画出，第三行的图形至少用三笔才可以画出。

### 48. 有规律的图形（十六）

D

前两个图形中相同的线去掉，不同的线保留，得到第三个图形。

### 49. 有规律的图形（十七）

B

第一组图形中，左边和右边的图形重合，变成了第二个图形，然后左边的图形移到右边，右边的图形移到左边，变成了第三个图形。

### 50. 有规律的图形（十八）

C

第一个图形旋转180°，拆成了四个部分。

### 51. 有规律的图形（十九）

A

第一个图形的边数减去第二个图形的边数等于2，第二个图形的边数减去第三个图形的边数等于1。

### 52. 有规律的图形（二十）

C

题目中的图形都能用一笔画成。

### 53. 有规律的图形（二十一）

D

竖条的斜线是从上往下移,然后回到上面;横条的斜线是从左往右移,再回到左边,但是移一次转动90°。

## 54. 有规律的图形（二十二）

A

从第一幅图到第五幅图,分割开的部分的数量依次是1、2、3、4、5。

## 55. 有规律的图形（二十三）

第一组四个图形旋转180°得到第三组图形。同理,第二组图形旋转180°得到第四个图形。

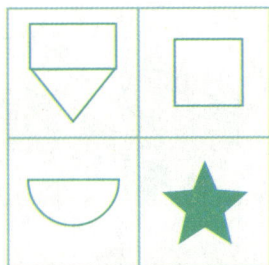

## 56. 有规律的图形（二十四）

## 57. 有规律的图形（二十五）

规律就是去掉左下角的那个图形。

## 58. 有规律的图形（二十六）

　　每一行都是由固定的三个图形组成的，只是每个图形的位置不同。每一行的三个图形，涂色的部分总是一个位于上边，一个位于中间，一个位于下边。

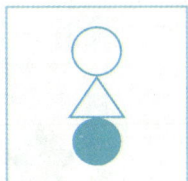